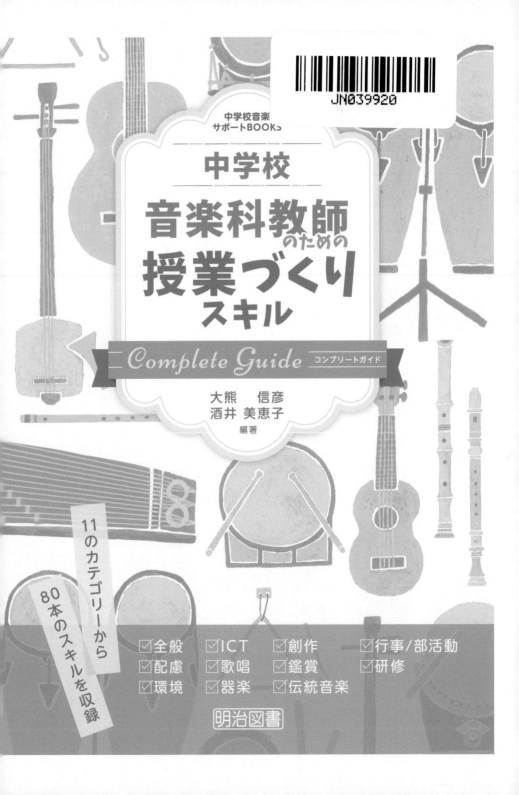

JN039920

中学校音楽
サポートBOOKS

中学校
音楽科教師のための授業づくりスキル

Complete Guide コンプリートガイド

大熊　信彦
酒井　美恵子
編著

11のカテゴリーから80本のスキルを収録

☑全般　☑ICT　☑創作　☑行事/部活動
☑配慮　☑歌唱　☑鑑賞　☑研修
☑環境　☑器楽　☑伝統音楽

明治図書

はじめに

　本書を開いてくださいました皆様，ありがとうございます。

　2020年に先行き不透明という言葉が現実になったかのような新型感染症によるパンデミックが起きました。そのような中，各学校では，教育活動の質を維持・向上していくために，先生方が多大なご尽力をされています。

　本書『中学校音楽科教師のための授業づくりスキルコンプリートガイド』は，常に生徒の成長を願い，熱意をもって音楽のご指導に当たっていらっしゃる先生方のお役に立ちたい，との思いで作成しました。本書には，次のような特徴があります。

1　1章について

　音楽の授業において，生徒の資質・能力を育むための指導スキルについて理解を深めるとともに，どのように授業づくりを考えていくかの今日的な視点やポイントなどを示しました。

2　2章について

　「魅力的な授業をつくる！音楽指導スキル80」は次のように分類しました。「全般」「配慮」「環境」「ICT」「歌唱」「器楽」「創作」「鑑賞」「伝統音楽」「行事／部活動」「研修」の11種類です。一つ一つのスキルは見開きで1項目となっていますので，どのページからでもお読みいただけます。

　本書の内容が，少しでも先生方の授業づくりなどの参考になり，生徒の様々な資質・能力が一層高まることを心から願っています。

　出版にあたりまして，執筆に快くご協力くださった素晴らしい先生方と迅速に分かりやすく編集してくださいました木村悠氏に心から御礼申し上げます。

2021年8月

大熊　信彦

酒井美恵子

Contents

1章

中学校音楽科教師に必須！
音楽指導スキルの理解

音楽指導スキルの理解

1 ご自身の音楽的なスキルを振り返りましょう

　本書をお読みの皆さんはどのような音楽的なスキルをおもちでしょう。声楽や楽器演奏が堪能である，作曲の力がある，世界の様々な音楽への造詣が深いなど，それぞれにスキルをおもちだと思います。これらは，授業の中で，範唱や範奏をしたり，生徒の実態に応じて作・編曲をしたり，音楽の多様な知識を伝えたりと授業で役立ち，生徒が音楽の魅力を味わうことにつながります。引き続きご自身の音楽的なスキルを磨き続けてほしいと思っています。

2 音楽指導スキルを理解しましょう

　本書で言う「音楽指導スキル」は，音楽の授業において，生徒の資質・能力を育むためのスキルです。ねらいの明確な授業を計画し，生徒の興味・関心を高めながら指導し，ねらいの実現状況を適切に評価する力などがそれにあたります。ご自身の音楽的なスキルも生かしながら，「音楽指導スキル」を常に見直し向上させましょう。

3 学習指導要領の改訂の時期は特に見直しのチャンス

　下記は，平成10年に学習指導要領が告示されてからの全国で見られた中学校音楽科の先生方の様子です。「和楽器については，３学年間を通じて１種類以上の楽器を用いること」が学習指導要領に示されたことで，大きな転換が起こりました。これは一例ですが，学習指導要領の改訂はご自身の音楽指導スキルの見直しのチャンスです。

告示直後　西洋楽器は学んできたけれど，和楽器は未経験…。どうしよう…。

全面実施時　実技研修会で箏や三味線を学び，よさや楽しさを味わいました。地域の和楽器の演奏者ともつながることができて，ゲストティーチャーとして招いています。生徒は和楽器の学習を楽しんでいます。

（酒井美恵子）

中学校音楽科教師がスキルを磨く意義

1 まずは中学校音楽科の意義を考えてみましょう

　中学校学習指導要領音楽では，平成20年告示も平成29年告示も生涯にわたって音楽に親しんでいく態度を育むことが大切にされています。生活の中で音楽を楽しむことは，とても人生が豊かになります。そして，中学校を卒業して高等学校等で芸術科音楽を選択しない場合は，音楽の授業は中学校まで，ということになります。音楽の授業が中学校までの生徒もいることを踏まえ，生徒の人としての心豊かな成長と，よりよい社会の実現に資する素晴らしい教科であるという意義を改めて確認しましょう。

2 スキルを磨く意義

　平成29年告示の学習指導要領は，グローバル化や情報化，技術革新など社会の急速な変化を見据え，予測不可能と言われる次の時代を生きる上で必要となる資質・能力を生徒たちに育むことを目指して改訂されました。そこで教師は，改訂の趣旨と内容を理解し，求められる資質・能力を育むことのできるスキルを身に付けることがとても重要です。

　教師が時代に応じたスキルを磨き授業に生かすことは，生徒の人生に生きて働く資質・能力を育むという意義があります。

新学習指導要領のポイント
文部科学省が「新学習指導要領のポイント」として次の４点を挙げています。
①社会に開かれた教育課程　　②育成を目指す資質・能力
③カリキュラム・マネジメント　　④「主体的・対話的で深い学び」の視点からの授業改善
コンパクトにまとまった資料があります。QRコードからご覧いただけます。
(https://www.mext.go.jp/content/20191219-mxt_kyoiku01-100002625_1.pdf)

(酒井美恵子)

03

カリキュラム・マネジメントの理解

1 各学校の教育活動の質の向上を図る取組

　新学習指導要領のポイントの1つ，カリキュラム・マネジメントは，端的に言えば，各学校において，教育課程を軸にして組織的かつ計画的に教育活動の質の向上を図っていく取組です。学校の教育目標を実現するため，全ての教職員がそれぞれの立場から参画し，教育課程を編成・実施・評価・改善していく好循環を生み出して，魅力ある学校づくりを進めましょう。

　その手段として，新学習指導要領の第1章総則（第1の4）では，①生徒や学校，地域の実態を把握すること，②教育の内容等を教科等横断的な視点で組み立てていくこと，③教育課程の実施状況を評価し改善していくこと，④必要な人的・物的な体制を確保することなどを挙げています。

2 音楽科の特徴を生かしましょう

　音楽を担当する教師は，音楽科の授業はもとより音楽を伴う学校行事等に携わることを通して，他教科の先生方よりも，学校に在籍するほとんどの生徒たちの様子や実態を直接的・間接的に把握していらっしゃると思います。また，音楽科の学習では，例えば，感性を働かせて美しいものを感じ取る心の育成，仲間の気持ちや考えを尊重して協働する態度の形成，また，日本語の特質や詩の味わい，外国語や世界の様々な国や地域の文化・歴史等の理解，さらには，歌や楽器演奏によるバランスよい身体性の伸長など，他の教科領域の学びとも関連する内容を扱います。

　こうした音楽科の特徴を生かし，自らの授業が，学校全体の教育課程とどのような関係にあるのか，学校の教育目標の実現にどのような役割を果たすのかを確認し，指導計画等をブラッシュアップしましょう。その上で，学校のグランドデザインを常に意識して，より優れた教育活動を行うための提言などを積極的に行ってください。

（大熊信彦）

04

主体的・対話的で深い学びの理解

1 「育成を目指す資質・能力」を偏りなく実現しましょう

　新学習指導要領のポイントの1つ,「主体的・対話的で深い学び」は, 単に授業の方法や技術などを述べたものではありません。「育成を目指す資質・能力」である次の(1)〜(3)が偏りなく実現されるように, 題材など「内容や時間のまとまり」を見通しながら, 生徒にとって「主体的な学び」,「対話的な学び」,「深い学び」となるよう授業改善を図りましょう。

(1)　知識及び技能が習得されるようにすること。

(2)　思考力, 判断力, 表現力等を育成すること。

(3)　学びに向かう力, 人間性等を涵養すること。

2 音楽科における「主体的・対話的で深い学び」の実現

　音楽科は本来, 課題解決的な学習過程を重視しています。例えば, 曲にふさわしい表現の追求に他者と協働しながら取り組み, 創意工夫して演奏する。イメージを豊かに膨らませながら条件に沿って試行錯誤し, 音楽を創作する。曲がつくられた文化的・歴史的背景等を想像し, よさや美しさを考えながら鑑賞するといった学びです。これらの活動にアクティブに取り組むよう働きかけて, 生徒が「音楽の学習は自分にとって大切だ」と実感できる授業を目指すことが, 音楽科における「主体的・対話的で深い学び」の実現です。

3 音楽科で学んだことを生涯にわたって生かせるようにしましょう

　予測が困難な次の時代を担う生徒たちに, 未知の課題にも対応できる柔軟な思考力, 人間ならではの豊かな感性や想像力, 世界や社会の多様性を理解・尊重できる態度などを育むことが求められています。音楽科の学習は, これらに大きく貢献します。生徒が, 音楽科で学んだことを将来にわたって生かせるような授業をつくる鍵, それが「主体的・対話的で深い学び」です。　（大熊信彦）

05

授業を考えるよりどころの理解〜学習指導要領〜

1　「育成を目指す資質・能力」の三つの柱

　教育課程の基準である学習指導要領は，平成29年の改訂で，目標や内容などの構成が従前と大きく変わりました。その理由は，全ての教科等において「育成を目指す資質・能力」が三つの柱によって再整理されたからです。この三つの柱とは，P11の「1「育成を目指す資質・能力」を偏りなく実現しましょう」に掲載した(1)〜(3)です。授業においては，学習の過程を通して，三つの柱が相互に関係し合いながら育成されることを常に意識することが極めて大切です。授業のよりどころとなる学習指導要領が改訂された趣旨を実践に生かしましょう。

2　音楽科の目標，内容と三つの柱との関係

　音楽科の「目標」の中核は，「生活や社会の中の音や音楽，音楽文化と豊かに関わる資質・能力」の育成です。その上で，(1)に知識及び技能，(2)に思考力，判断力，表現力等，(3)に学びに向かう力，人間性等に関する目標が示されています。学年の「目標」の(1)〜(3)も同様です。また，「内容」は，歌唱，器楽，創作では，事項アに思考力，判断力，表現力等，イに知識，ウに技能に関する指導内容が，鑑賞と〔共通事項〕では，アに思考力，判断力，表現力等，イに知識に関する指導内容が示されています。なお，学びに向かう力，人間性等の涵養に関しては，事項アの思考力，判断力，表現力等の育成，イ・ウの知識・技能の習得（ウの技能は表現のみ）を目指す学習全体を通じて実現を図っていきます。

　「学習の過程を通して，三つの柱が相互に関係し合いながら育成されることを常に意識する」と前述したとおり，授業づくりの基本となる題材の指導計画の「目標」には，教科や学年の目標(1)〜(3)に関することが必ず含まれるように，「内容」には，事項ア〜ウ（ウは表現のみ）に関することが必ず含まれるようにしてください。

（大熊信彦）

06

領域・分野と〔共通事項〕の関係の理解

1 〔共通事項〕の内容

〔共通事項〕は，平成20年告示の学習指導要領で初めて示されました。平成29年告示の学習指導要領では資質・能力ごとに整理され，事項アは「思考力，判断力，表現力等の育成」，イは「知識の習得」に関する内容に改訂されました。事項アのポイントは，音楽を形づくっている要素について「知覚したこと」と「感受したこと」との関わりを考えることです。また，イは，音楽を形づくっている要素及び用語や記号などを理解することです。なお，音楽を形づくっている要素とは，音色，リズム，速度，旋律，テクスチュア，強弱，形式，構成などです。これらは，日本や世界の多種多様な音楽の特徴を捉える窓口になるものと言えるでしょう。

2 生徒と音楽の関係を深めていく

音は，響いている瞬間にのみ実在するため，その瞬間に生徒自身が音や音楽を知覚し，醸し出される雰囲気などを感受しなければ，音楽との関係をつくれません。そこで，「A表現」領域の各分野（歌唱，器楽，創作），「B鑑賞」領域のいずれの活動においても，〔共通事項〕の内容を支えにすることが重要になるのです（下の図のイメージ）。例えば，「感じ取った音楽の雰囲気について言語化を試みる」，「そのように感じ取った理由を，要素の働きや音楽的な特徴に探し求める」ことを大切にすることによって，生徒と音楽の関係を深め，授業が生徒の主体的・創造的な学びの場となるようにしましょう。

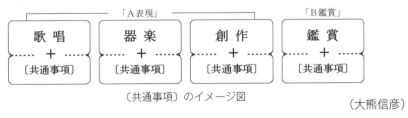

〔共通事項〕のイメージ図

（大熊信彦）

07

評価を考えるよりどころの理解〜指導と評価の一体化〜

1 評価の改訂は授業改善のチャンス

　新学習指導要領では，各教科等の目標と内容が，育成を目指す資質・能力の三つの柱である「知識及び技能」，「思考力，判断力，表現力等」，「学びに向かう力，人間性等」に整理されました。同時に，評価の観点も三つの柱に対応して，「知識・技能」，「思考・判断・表現」，「主体的に学習に取り組む態度」となっています。新しい指導と評価の視点で自身の授業を見直し，生徒の資質・能力を育成しましょう。

2 新しい学習指導要領と国立教育政策研究所の評価資料はいつも身近に

　例えば，生徒が伸びやかに合唱をしたり，名曲を聴いたりして，音楽の授業を楽しんでいる時，それはとても輝かしく素敵な時間です。その時に，教師は一緒に合唱や名曲を楽しむだけでなく，「合唱を通して」「鑑賞を通して」どのような資質・能力を身に付けさせたいかという授業のねらいを明確にして指導をし，それが実現しているかどうかを評価することが大切です。

　その題材で生徒に育む資質・能力を意識して授業をしましょう。そのために折々，三つの柱と，評価の3観点を確認することが大切です。慣れないうちは常に確認を。慣れたと思った時も，実は「おおむね満足の状況」が甘くなったり，辛くなったりしているかもしれません。学習指導要領と国立教育政策研究所の評価資料を身近に置いて，確認しましょう。

3 評価をする上で心がけること

❶学習指導要領と評価の改訂は授業改善のチャンスです。授業の見直しを！

❷授業のねらいを明確にし，そのねらいが実現しているかの評価を心がけましょう。「活動あって学び無し」にならないように！

❸慣れてきても常に指導と評価を見直して，PDCA サイクルの構築を！

（酒井美恵子）

2章

魅力的な授業をつくる！
音楽指導スキル80

01

年間指導計画作成のスキル

「年間指導計画」は，１年間にわたる各教科の学びの全体像を表すものです。この意味で，学校の教育計画の中でも特に大切なものと言えます。生徒の入学から卒業までの３年間を見通すとともに，各題材の効果的な配列などを工夫して，優れた実践につながる年間指導計画を作成しましょう。

1　３年間の学びを見通しましょう

中学生は，思春期に入って様々な葛藤がある中，「自らの生き方」を模索しはじめる時期と言えましょう。このような発達の段階だからこそ，中学校での学びは，生徒の人間形成やその後の人生に大きな影響を与えます。

年間指導計画を作成する時は，こうした生徒の成長を見据え，中学校教育において「音楽科が果たす役割は何か」をしっかりと意識しましょう。その基準となるものは，学習指導要領音楽の目標（教科の目標，学年の目標），歌唱，器楽，創作，鑑賞，〔共通事項〕の内容，指導計画の作成と内容の取扱いです。内容が特定の活動に偏ることなく，学年を見通して，各指導事項を扱うことができるようにします。併せて，学校の教育目標，生徒や学校，地域の実態（例えば，備えている教材・教具，音楽に関する地域素材やゲストティーチャーの状況等），また，道徳，学校行事との関わりなども考慮して，各学校の特色が生きるように努めましょう。

2　どんな題材を，どのように配列するか

年間指導計画作成の中心的な作業は，「どんな題材を，どのように配列するか」の決定です。例えば，第１学年の歌唱で，「歌詞の情景や曲想を生かして『赤とんぼ』を表情豊かに歌おう」という題材を扱うとします。まずは，この題材ではどんな学習を行い，生徒にどのような資質・能力を育むのかを考えます。そして，年間指導計画上のどの時期にこの題材を配置し，何時間

の授業時数を割り当てるかについて，教材に適した季節感，他の題材との関係なども十分に考慮して検討していきます。

　例えば，4月に扱う場合，中学校のスタートの時期ですので，歌唱の楽しさや面白さに生徒が気付き，その後の学びに対する意欲が高まるようにすることが大切です。一方，11月に扱うのであれば，4〜10月に他の題材を学習してきたことによって身に付いた力を生かし，生徒の歌唱表現が一層深まるようにすることが大切です。

　このように年間指導計画を作成する過程で，各題材で指導する内容やその重点を見直したり，題材同士の学びの関係性・発展性を高めたりしながら，学年全体を俯瞰して各題材を効果的に配列していきます。この作業はとても大変ですが，前年度までの実践の成果・課題を生かすとともに，教科書発行者が案として示している計画も参考にするなどして，生徒にとって魅力ある授業の実施につながっていく年間指導計画を作成しましょう。

3　年間指導計画に盛り込む内容

　「年間指導計画」には，様々な様式があります。教育委員会等が一定のスタイルを定めている場合もありますが，一般的に，次の内容を盛り込むとよいでしょう。（◎は必須，○は記載したほうがよい内容です）

　○「教科の目標」，「学年の目標」，「学校の教育目標・指導の重点など」

　○「目指す生徒像」，「学校としての音楽科の目標・指導の重点など」

　◎「学期・月」，「題材名」，「題材に充てる授業時数」

　◎「題材の目標」又は「題材のねらい」，「題材の評価規準」

　◎「教材」，「学習指導要領の領域・分野，内容（指導事項，要素等）」

　○「題材の特徴」又は「題材における主な学習活動」

　○「道徳，学校行事との関わりなど」

（大熊信彦）

02

学習指導案作成のスキル

「学習指導案」は，授業を行う前に，生徒たちの学習の姿をイメージして，何を目指し，どんな内容を，どのような展開で指導するか，そして，どのように評価するかを具体化したものです。実践に生きる学習指導案を作成しましょう。

1 シナリオからデザインへ

最もシンプルな学習指導案は，1時間の授業の進め方について，生徒の活動と教師の働きかけを書くものです。いわば授業のシナリオ（台本）です。一方，生徒が意義ある学びを実感できる授業を展開するためには，題材のレベルで，何を目指し，どんな内容を，どのような展開で指導するか，そして，どのように評価するかのデザインが重要です。したがって，「題材の学習指導とその評価」全体を見渡すことのできる学習指導案を作成しましょう。

2 学習指導案の様式（例）

学習指導案には様々な様式がありますが，ここでは右ページの様式（例）に沿って作成のポイントを述べます。

⑴ 何を目指すか

学習指導要領の「教科の目標」「学年の目標」は，育成を目指す資質・能力の三つの柱（「知識及び技能」，「思考力，判断力，表現力等」，「学びに向かう力，人間性等」）ごとに示されています。これを受けて「2．題材の目標」も資質・能力ごとに設定します。その際，「学年の目標」をベースにし，指導の重点，教材などを十分考慮します。なお，目標をワンセンテンスにまとめて設定する場合は，三つの柱の趣旨を盛り込むように工夫するとよいでしょう。

1．題材名
2．題材の目標
(1)知識・技能に関する目標
(2)思考力，判断力，表現力等に関する目標
(3)学びに向かう力，人間性等に関する目標
3．学習指導要領の内容
4．題材について
(1) 題材観　(2) 生徒観　(3) 指導観
5．教材について
6．題材の評価規準

知識・技能	思考・判断・表現	主体的に学習に取り組む態度

7．題材の指導と評価の計画

時	◇ ねらい ○ 主な学習活動	指導上の留意点	評価規準と評価方法
1			
2			

8．本時の計画

(1) 本時のねらい

(2) 学習展開

	○ 学習活動	教師の働きかけ 及び 評価規準と評価方法
導入 展開 まとめ		

学習指導案の様式（例）

⑵　どんな内容を指導するか

　「3．学習指導要領の内容」は，指導事項の記号と音楽を形づくっている要素名などを書きます。(例)「A 表現」歌唱ア，イ(ア)，ウ(ア)，〔共通事項〕音色，リズム（拍子），旋律（フレーズ），強弱。

　このように指導内容を明確にすることで，学習指導案全体が統一感あるものになります。

　「4．題材について」「5．教材について」は，なぜこの題材の学習が必要なのかを，指導内容の意義，生徒の学びの状況，教材の教育的価値などから考察し，魅力ある授業の実施につながるように構想や展望などを書きます。

⑶　どのような展開で指導し，どのように評価するか

　「6．題材の評価規準」は評価の観点の趣旨に即して設定し，「7．題材の指導と評価の計画」において，学習活動と評価の整合を図りながら，どのような展開で学習指導を行い，生徒の学習状況を，いつ，どのような評価方法（観察，ワークシートなど）で評価するかを明らかにします。なお，「8．本時の計画」は「7．」の一部を詳細に書くものなので，研究授業などの特別な機会以外，日常的には，「7．」をしっかり作成することで略すこともできます。

（大熊信彦）

03

題材づくりのスキル

「題材」とは，育成する資質・能力を明らかにして，一定のまとまりのある学習指導を行うための単位です。他教科の単元とほぼ同じですが，音楽科では主題性や教材性などを特に大切にしています。題材づくりは，指導計画作成の最も基本となるものです。

1 学習指導要領の内容構成を生かしましょう

「歌唱」の題材，「鑑賞」の題材のように，領域・分野ごとに1つの題材をつくる場合と，「歌唱と器楽」を関連させた題材，「創作と鑑賞」を関連させた題材のように，複数の領域・分野で1つの題材をつくる場合があります。

いずれの場合でも，題材づくりのポイントは，学習指導要領の内容構成を生かすことです。ここでは「器楽」の題材を例に述べますが，基本的な考え方は，歌唱，創作，鑑賞の題材も同様です。

2 資質・能力をバランスよく育みましょう

「器楽」の題材の場合，1つの題材において「器楽」の事項ア，イ，ウを必ず扱うとともに，〔共通事項〕ア，イを位置付けましょう。

その理由は，「思考力，判断力，表現力等」の育成（事項ア），「知識」の習得（事項イ），「技能」の習得（事項ウ）ごとに内容が示されている学習指導要領の構成を生かし，1つの題材において資質・能力をバランスよく育むためです。また，事項ア，イ，ウの学習全体を通して「学びに向かう力，人間性等」の涵養もめざします。

なお，複数の領域・分野で1つの題材をつくる場合でも，各領域・分野の事項ア，イ，ウ（鑑賞はア，イ）を扱うとともに，複数の領域・分野を関連させる要として，〔共通事項〕ア，イを扱うようにしましょう。

3 全ての生徒が学ぶ内容を明らかにしましょう

> 一方で，「器楽」の事項イの(ア)と(イ)，ウの(ア)と(イ)については，それぞれ1つ以上を選びましょう。また，〔共通事項〕は，この題材で扱う「主な音楽を形づくっている要素」などは何かを明らかにしましょう。

その理由は，音楽科の目標に「表現及び鑑賞の幅広い活動を通して……」と掲げられている通り，学年を見通した時，多様な題材による幅広い学習活動が効果的に行われることが大切だからです。そのため，個々の題材をある程度コンパクトにする必要があります。通常，2〜4時間程度の授業で1つの題材をつくります。

例えば，「器楽」の事項イ（知識）は，生徒に理解させる内容が示されています。具体的には(ア)「曲想と音楽の構造や曲の背景との関わり」（2・3学年の例），(イ)「楽器の音色や響きと奏法との関わり」の2つです。そこで，1つの題材において，基本的に全ての生徒が理解できるように指導する内容を(ア)にするか，(イ)にするか，あるいは(ア)と(イ)の両方にするかについて決めておきます。事項ウ（技能）の(ア)と(イ)も同様です。また，指導内容に合う〔共通事項〕の音楽を形づくっている要素などは何かを明らかにしておきます。

そのためには，取り扱う楽器の種類と特徴，楽曲の選定と教材性などをしっかりと考察する必要があります。また，生徒の既習経験，学校が備えている教材・教具等の諸条件をはじめ，実際の授業を想定して，学習活動に充てることのできる時間，「主体的・対話的で深い学び」の実現を図る指導の展開などを考慮することも大切です。こうした作業が題材づくりの醍醐味であり，教育課程のPDCAサイクルの確立にもつながります。　　　　　（大熊信彦）

評価規準の設定スキル

学習指導要領の全面実施の年度から，その学習指導要領に対応する評価の観点で学習評価を行います。学習指導要領が目指す学力観と指導要録における評価は一体であるとの考えからです。ここでは，学習評価の基本と言える評価規準の設定について確認しましょう。ポイントは国立教育政策研究所の資料の活用です。

1 学習評価の理論と実際を学びましょう

国立教育政策研究所の「『指導と評価の一体化』のための学習評価に関する参考資料」の中学校音楽を活用しましょう。

第1編は総説です。全教科共通した内容です。求められている学習評価の理解を深めることができます。第2編は「内容のまとまりごとの評価規準」を作成する際の手順が示されています。中学校音楽では〔第1学年〕と〔第2学年及び第3学年〕でそれぞれ下記が「内容のまとまり」です。

・「A表現」(1)歌唱及び〔共通事項〕(1)　・「A表現」(2)器楽及び〔共通事項〕(1)
・「A表現」(3)創作及び〔共通事項〕(1)　・「B鑑賞」(1)鑑賞及び〔共通事項〕(1)

このまとまりごとに3観点（「知識・技能」「思考・判断・表現」「主体的に学習に取り組む態度」）で評価していく方法が理解できます。第3編は題材ごとの学習評価について（事例）です。具体的な学習評価の進め方について，授業をイメージしながら理解することができます。

2 自分で評価規準の"ひな形"をつくって活用しましょう

国立教育政策研究所の資料をもとに，"ひな形"をつくっておくことをおすすめします。1つの評価規準の文章がやや長いと思われる場合もあろうかと思いますが，ここは略さずに作成することが適切な指導と評価を行うことにつながります。"ひな形"を歌唱で例示します。なお囲み文字は学年による違いです。

	第1学年	第2学年及び第3学年
知・技	（事項イ(ア)）「曲名」の曲想と音楽の構造や歌詞の内容との関わりについて理解している。	（事項イ(ア)）「曲名」の曲想と音楽の構造や歌詞の内容 及び曲の背景 との関わりについて理解している。
	（事項イ(イ)）声の音色や響き及び言葉の特性と曲種に応じた発声との関わりについて理解している。	
	（事項ウ(ア)）創意工夫を生かした表現で歌うために必要な発声，言葉の発音，身体の使い方などの技能を身に付け，歌唱で表している。	
	（事項ウ(イ)）創意工夫を生かし，全体の響きや各声部の声などを聴きながら他者と合わせて歌う技能を身に付け，歌唱で表している。	
思・判・表	（事項ア＋音楽を形づくっている要素）「曲名」の※要素を知覚し，それらの働きが生み出す特質や雰囲気を感受しながら，知覚したことと感受したこととの関わりについて考え，どのように歌うかについて思いや意図をもっている。	（事項ア＋音楽を形づくっている要素）「曲名」の※要素を知覚し，それらの働きが生み出す特質や雰囲気を感受しながら，知覚したことと感受したこととの関わりについて考え，「曲名」にふさわしい歌唱表現としてどのように表すかについて思いや意図をもっている。
態度	○○に関心をもち，音楽活動を楽しみながら主体的・協働的に歌唱の学習活動に取り組もうとしている。	

※要素は，題材の学習において思考・判断のよりどころとなる主な音楽を形づくっている，音色，リズム，速度，旋律，テクスチュア，強弱，形式，構成などを指します。

　なお，鑑賞の題材では，評価の観点としては「知識・技能」ですが，技能は評価しないことに留意してください。

3　観点別のポイントを確認して，指導と評価の計画・実施に生かしましょう

知識：音楽科の知識は，曲想と音楽の構造などとを関わらせて理解することが重要です。

技能：音楽科の技能は，生徒が創意工夫を生かし，思いや意図を表現するために必要となる技能を評価します。

思考・判断・表現：音楽科の思考・判断・表現は，音楽を形づくっている要素の知覚・感受が必須です。

主体的に学習に取り組む態度：学年の目標をもとに作成し，「学習に関心をもち，音楽活動を楽しみながら主体的・協働的に学習活動に取り組もうとしている」姿を題材の学習全体を通して評価します。

（酒井美恵子）

05

教材選択のスキル　その1
（教科書使用義務と著作権法の遵守）

皆さんは教材をどのように選択していらっしゃるでしょうか。「教科書会社公表のプランを生かして」「行事等での発表を踏まえて」「生徒の興味・関心に応じて」「今まで扱って生徒から好評だったから」など，様々な理由で選択なさっていることと思います。ここでは，法律的な面から教材選択について考えてみましょう。

1　教科書使用義務

学校教育法第34条には，「小学校においては，文部科学大臣の検定を経た教科用図書または文部科学省が著作の名義を有する教科用図書を使用しなければならない」と定められています。この条文は中学校にも準用されます。

つまり，学校では教科書を使用することが義務づけられています。そのため，教科書に掲載されている指導のねらいや教材について，よく研究することが大切です。教科書会社が出版している指導書や教科書準拠の映像や音源などが参考になります。

教科書は概ね4年ごとの周期で検定と採択が行われます。教科書改訂の時期は，改めて教材研究を行いましょう。同じ楽曲を教材としていても，扱いが異なっていたり，教科書掲載の画像が変更されていたり等，授業の見直しにつながる変更がそれなりにあります。

2　教科書以外の教材

学校教育法第34条の4項では，教科書やデジタル教科書以外で，「有益適切なものは，これを使用することができる」とあります。いわゆる補助教材と言われる教材です。音楽科では，例えば合唱曲集，音楽ワークブック，鑑賞曲資料などがそれにあたります。「有益適切」であるか，音楽部会や学年会等で組織的に検討するとともに，保護者が購入することになりますので金銭的な負担を考えて選択してほしいと思います。

なお，公立学校の場合，補助教材を使用する場合は学校長から学校を設置している市区町村の教育委員会へ届け出るなどの必要があります。

3　著作権法の遵守

　生徒の日常は様々な著作物であふれています。例えば音楽作品，美術作品，小説，コミック，アニメ，映画，写真などです。そのような中，平成29年告示の中学校学習指導要領音楽では，生徒への指導にあたり，「自己や他者の著作物及びそれらの著作者の創造性を尊重する態度の形成」が示されています。ここで改めて授業における著作権について理解を深め，適切に教材選択をしましょう。

　著作権とは，著作物を保護する権利のことです。著作者は，公表する権利，複製する権利，上演したり演奏したりする権利，ネットなどに送信する公衆送信権，編曲するなどの権利などをもっています。そして，他の人が著作者に許可を得ずに，著作権を侵害することを行ってはいけないと著作権法で決められています。

　その著作権法で，著作物を自由に利用することができる条件がいくつか示されています。第35条では学校等の教育機関における複製等は，著作権者の利益を不当に害さなければ，認められます。例えば，授業において，流行している音楽を教師がクラスの状況に応じて編曲し生徒が歌う場合，許諾の必要はありません。そして，それを文化祭で発表するのは，営利を目的としないため OK ですが，文化祭の演奏を DVD や CD にして，生徒や保護者へ配布することは無料であっても著作物使用の許諾が必要です。学校のホームページから動画を発信することも許諾が必要です。

　社会の変化により，著作権法が改訂されていますので，ぜひ原文を読んだり，文化庁や公益社団法人著作権情報センターのホームページなどを参考にしたりして，適切に教材を扱ってください。

（酒井美恵子）

06

教材選択のスキル　その２
（教材選択のよりどころの理解）

学校の教育課程は，学習指導要領に基づいて編成・実施されます。学習指導要領音楽で曲名が示されているのは歌唱共通教材の７曲のみです。学習指導要領音楽の「指導計画の作成と内容の取扱い」を見ましょう。下線の文言は，音楽科の目標にある「生活や社会の中の音や音楽，音楽文化と豊かに関わる資質・能力」の育成につながる教材選択の視点です。

1　歌唱教材について

歌唱教材の取扱いは，下記のように示されています。教材研究をする際に，生活や社会の中での作品の有り様も研究しましょう。そして，歌そのもののよさを味わいながら歌えるようにするとともに，その歌ができた背景や，人々にどのように愛されてきたかについても実感できるようにしましょう。

具体的には，P66からの歌唱分野のページを参照してください。

歌唱教材は，次に示すものを取り扱うこと。
(ｱ)　我が国及び諸外国の様々な音楽のうち，指導のねらいに照らして適切で，生徒にとって親しみがもてたり意欲が高められたり，生活や社会において音楽が果たしている役割が感じ取れたりできるもの。
(ｲ)　民謡，長唄などの我が国の伝統的な歌唱のうち，生徒や学校，地域の実態を考慮して，伝統的な声や歌い方の特徴を感じ取れるもの。なお，これらを取り扱う際には，その表現活動を通して，生徒が我が国や郷土の伝統音楽のよさを味わい，愛着をもつことができるよう工夫すること。
(ｳ)　我が国で長く歌われ親しまれている歌曲うち，我が国の自然や四季の美しさを感じ取れるもの又は我が国の文化や日本語のもつ美しさを味わえるもの。なお，各学年において，以下の共通教材の中から１曲以上を含めること。（「赤とんぼ」「荒城の月」「早春賦」「夏の思い出」「花」「花の街」「浜辺の歌」）

2　器楽教材について

器楽教材でも，生活や社会と音楽の視点が示されています。例えば教科書の器楽教材は，原曲がクラシック音楽，ミュージカルや映画の音楽，和楽器のための作品等も多く取り上げられています。人々に愛され受け継がれてい

る背景等を知って，器楽の学習に取り組むことができるようにしましょう。

具体的には，P86からの器楽分野のページを参照してください。

> 器楽教材は，次に示すものを取り扱うこと。
> (ア) 我が国及び諸外国の様々な音楽のうち，指導のねらいに照らして適切で，生徒にとって親しみがもてたり意欲が高められたり，生活や社会において音楽が果たしている役割が感じ取れたりできるもの。

3　創作について

創作は，「指導計画の作成と内容の取扱い」では，教材ではなく指導にあたっての留意点が示されています。必要に応じて作品を記録する方法として，中学校学習指導要領解説音楽編では，「五線譜だけではなく，文字，絵，図，記号，コンピュータなどを用いて，生徒が作品を記録する方法を工夫できるようにする」とあります。音楽をつくる学習活動では，教師作成のワークシート等が重要な教材となります。学習指導要領解説を確認してから，教科書の創作の題材を扱ったり，指導のねらいに応じて教師によるオリジナル教材を作成したりして，授業を行いましょう。

具体的には，P112からの創作分野のページを参照してください。

> 創作の指導に当たっては，即興的に音を出しながら音のつながり方を試すなど，音を音楽へと構成していく体験を重視すること。その際，理論に偏らないようにするとともに，必要に応じて作品を記録する方法を工夫させること。

4　鑑賞教材について

鑑賞領域は，指導事項そのものが「生活や社会の中の音や音楽，音楽文化と豊かに関わる資質・能力」の育成につながる内容となっています。指導事項をもとに計画し，指導のねらいに照らして適切な教材を選択しましょう。

具体的には，P126からの鑑賞領域のページを参照してください。

> 鑑賞教材は，我が国や郷土の伝統音楽を含む我が国及び諸外国の様々な音楽のうち，指導のねらいに照らして適切なものを取り扱うこと。

（酒井美恵子）

07

知識を育むスキル

授業計画を立てる際は，「知識及び技能」「思考力，判断力，表現力等」「学びに向かう力，人間性等」をバランスよく育むようにすることが大切です。ここでは「知識」を育むスキルを取り上げます。

1 中学校学習指導要領音楽における知識について

右ページの表は，中学校学習指導要領音楽における「知識」の指導事項の一覧です。「第1学年」と「第2学年及び第3学年」の文言が同じ事項は1文で示し，異なる事項は異なっている箇所を**太字と下線**で示しました。歌唱の(ア)で例示すると，ここで示されている知識は，第1学年は「曲想と音楽の構造との関わり」「曲想と歌詞の内容との関わり」について生徒が理解することです。第2学年及び第3学年は，「曲想と曲の背景との関わり」が加わるというように読み取ってください。

つまり，音楽科における知識は音や音楽の特徴，曲想等と関わらせて様々な事柄を理解するということを押さえておきましょう。なお，「第1学年」と「第2学年及び第3学年」の文言が同じ事項も学年進行に応じて高め，深めていくことは言うまでもありません。

2 知識を育むスキル

知識を育むスキルを教師が身に付けるには，中学校学習指導要領音楽における知識は何かを押さえた上で，「知識の評価規準」についてしっかりと理解する必要があります。また，その「評価規準」に基づき，生徒の実現状況を適切に評価するための評価方法も工夫しましょう。

国立教育政策研究所の「『指導と評価の一体化』のための学習評価に関する参考資料」は，評価規準の作成方法や評価方法について説明と事例等で構

成されています。そして，「知識の評価規準」と評価方法は，示された4つの事例全てで見ることができます。その中から，事例4「音色や音の重なり方の特徴を捉え，リズムアンサンブルの音楽を楽しもう」で，創作と鑑賞の「知識の評価規準」と「評価方法」を見てみましょう。

第1時：鑑賞の知識の「評価規準〈評価方法〉」
　「曲想と音楽の構造との関わりについて理解している。〈観察，ワークシートⅠ〉」
第2時：創作の知識の「評価規準〈評価方法〉」
　「音素材の特徴及び音の重なり方の特徴について表したいイメージと関わらせて理解している。〈観察，ワークシートⅡ〉」

　同資料は，このように例示などを参考にして，知識を育むスキルアップに役立てることができます。

平成29年告示中学校学習指導要領音楽における知識の事項

		第1学年	第2学年及び第3学年
表現	歌唱	イ　次の(ｱ)及び(ｲ)について理解すること。	
		(ｱ)曲想と音楽の構造や歌詞の内容との関わり	(ｱ)曲想と音楽の構造や歌詞の内容**及び曲の背景**との関わり
		(ｲ)声の音色や響き及び言葉の特性と曲種に応じた発声との関わり	
	器楽	イ　次の(ｱ)及び(ｲ)について理解すること。	
		(ｱ)曲想と音楽の構造との関わり	(ｱ)曲想と音楽の構造**や曲の背景**との関わり
		(ｲ)楽器の音色や響きと奏法との関わり	
	創作	イ　次の(ｱ)及び(ｲ)について，表したいイメージと関わらせて理解すること。	
		(ｱ)音のつながり方の特徴	(ｱ)**音階や言葉などの特徴及び**音のつながり方の特徴
		(ｲ)音素材の特徴及び音の重なり方や反復，変化，対照などの構成上の特徴	
鑑賞		イ　次の(ｱ)から(ｳ)までについて理解すること。	
		(ｱ)曲想と音楽の構造との関わり	
		(ｲ)音楽の特徴とその背景となる文化や歴史，他の芸術との関わり	
		(ｳ)我が国や郷土の伝統音楽及び**アジア地域の諸民族**の音楽の特徴と，その特徴から生まれる音楽の多様性	(ｳ)我が国や郷土の伝統音楽及び**諸外国の様々な**音楽の特徴と，その特徴から生まれる音楽の多様性
〔共通事項〕イ　音楽を形づくっている要素及びそれらに関わる用語や記号などについて，音楽における働きと関わらせて理解すること。			

（酒井美恵子）

08

技能を育むスキル

授業計画を立てる際は，「知識及び技能」「思考力，判断力，表現力等」「学びに向かう力，人間性等」をバランスよく育むようにすることが大切です。ここでは「技能」を育むスキルを取り上げます。

1 中学校学習指導要領音楽における技能について

右ページの表は，中学校学習指導要領音楽における「技能」の指導事項の一覧です。「第1学年」と「第2学年及び第3学年」の文言が同じなので一文で示しました。「第1学年」と「第2学年及び第3学年」が同じ文言であっても，学年進行に応じて高め，深めていくことは言うまでもありません。

技能は，表にあるように表現領域で育む資質・能力です。歌唱分野と器楽分野の(ア)は個々の技能について，(イ)は他者と合わせて歌ったり楽器を演奏したりする技能を示しています。そして創作分野も含めいずれも「創意工夫を生かした表現で」歌う，演奏する，音楽をつくるための技能を求めていることを確認しておきましょう。

2 技能を育むスキル

技能を育むスキルを教師が身に付けるには，中学校学習指導要領音楽における技能は何かを押さえた上で，「技能の評価規準」についてしっかりと理解しましょう。また，その「評価規準」に基づき，生徒の実現状況を適切に評価するための評価方法も工夫しましょう。

国立教育政策研究所の「『指導と評価の一体化』のための学習評価に関する参考資料」は，評価規準の作成方法や評価方法について説明と事例等で構成されています。例えば技能の評価規準と評価方法を参考として見ることができるのは，表現領域を扱った次の3つの事例です。事例1「歌詞が表す情

景や心情を思い浮かべ，曲想を味わいながら表現を工夫して歌おう」，事例2「楽器の音色の違いを感じ取り，三味線の特徴を理解して演奏しよう」，事例4「音色や音の重なり方の特徴を捉え，リズムアンサンブルの音楽を楽しもう」です。

事例1：技能の「評価規準〈評価方法〉」

　第4時「創意工夫を生かした表現で『早春賦』を歌うために必要な発声，言葉の発音，身体の使い方などの技能を身に付け，歌唱で表している。〈演奏（歌唱）〉」

事例2：技能の「評価規準〈評価方法〉」

　第4時「創意工夫を生かした表現で演奏するために必要な奏法，身体の使い方などの技能を身に付け，器楽で表している。〈観察〉」

事例4：技能の「評価規準〈評価方法〉」

　第3時「創意工夫を生かした表現で音楽をつくるために必要な，課題や条件に沿った音の選択や組合せなどの技能を身に付け，創作で表している。〈ワークシートⅢ〉」

　同資料は，このように例示などを参考にして，技能を育むスキルアップに役立てることができます。

平成29年告示中学校学習指導要領音楽における技能の事項

<table>
<tr><td colspan="2"></td><td>第1学年</td><td>第2学年及び第3学年</td></tr>
<tr><td rowspan="7">表現</td><td rowspan="2">歌唱</td><td colspan="2">ウ　次の(ア)及び(イ)の技能を身に付けること。</td></tr>
<tr><td colspan="2">(ア)創意工夫を生かした表現で歌うために必要な発声，言葉の発音，身体の使い方などの技能
(イ)創意工夫を生かし，全体の響きや各声部の声などを聴きながら他者と合わせて歌う技能</td></tr>
<tr><td rowspan="2">器楽</td><td colspan="2">ウ　次の(ア)及び(イ)の技能を身に付けること。</td></tr>
<tr><td colspan="2">(ア)創意工夫を生かした表現で演奏するために必要な奏法，身体の使い方などの技能
(イ)創意工夫を生かし，全体の響きや各声部の音などを聴きながら他者と合わせて演奏する技能</td></tr>
<tr><td>創作</td><td colspan="2">ウ　創意工夫を生かした表現で旋律や音楽をつくるために必要な，課題や条件に沿った音の選択や組合せなどの技能を身に付けること。</td></tr>
<tr><td colspan="3"></td></tr>
<tr><td colspan="3"></td></tr>
<tr><td colspan="2">鑑賞</td><td colspan="2"></td></tr>
<tr><td colspan="4">〔共通事項〕</td></tr>
</table>

（酒井美恵子）

09

思考力，判断力，表現力等を育むスキル

授業計画を立てる際は，「知識及び技能」「思考力，判断力，表現力等」「学びに向かう力，人間性等」をバランスよく育むようにすることが大切です。ここでは「思考力，判断力，表現力等」を育むスキルを取り上げます。

1　中学校学習指導要領音楽における思考力，判断力，表現力等について

　右ページの表は，中学校学習指導要領音楽における「思考力，判断力，表現力等」の指導事項の一覧です。「第1学年」と「第2学年及び第3学年」の文言が異なる場合は，**太字と下線**あるいは，~~太字と取り消し線~~で示しました。鑑賞の(ア)から(ウ)は文言が同じため1文で示しましたが，同じ文言であっても，学年進行に応じて高め，深めていくことは言うまでもありません。

　思考力，判断力，表現力等は，表にあるように表現領域では「（音楽）表現を創意工夫すること」，そして，鑑賞では「音楽のよさや美しさを味わって聴くこと」が示されています。そして，〔共通事項〕の「ア　音楽を形づくっている要素や要素同士の関連を知覚し，それらの働きが生み出す特質や雰囲気を感受しながら，知覚したことと感受したこととの関わりについて考えること」によって，音楽科ならではの思考力，判断力，表現力等が育まれます。なお，音楽を形づくっている要素は，「音色，リズム，速度，旋律，テクスチュア，強弱，形式，構成などから適切に選択したり関連付けたりして指導する」ことが指導計画の作成と内容の取扱いに示されています。

2　思考力，判断力，表現力等を育むスキル

　思考力，判断力，表現力等を育むスキルを教師が身に付けるには，中学校学習指導要領音楽における思考力等は何かを押さえた上で，「思考・判断・表現の評価規準」についてしっかりと理解しましょう。また，その「評価規準」に基

づき，生徒の実現状況を適切に評価するための評価方法も工夫しましょう。

　国立教育政策研究所の「『指導と評価の一体化』のための学習評価に関する参考資料」は，評価規準の作成方法や評価方法について説明と事例等で構成されています。思考力，判断力，表現力等の評価規準と評価方法は，示されている4つの事例全てで見ることができます。ここでは事例1（歌唱）と事例3（鑑賞）を見てみましょう。

事例1：思考・判断・表現の「評価規準〈評価方法〉」

第2時～第3時『『荒城の月』，『早春賦』のリズム，速度，旋律，強弱を知覚し，それらの働きが生み出す特質や雰囲気を感受しながら，知覚したことと感受したこととの関わりについて考え，『早春賦』にふさわしい歌唱表現としてどのように表すかについて思いや意図をもっている。〈観察，ワークシートⅢ〉」

事例3：思考・判断・表現の「評価規準〈評価方法〉」

第2時「①『ビレンツェの歌』，『アリロ』，『バイェテ』の音色，テクスチュアを知覚し，それらの働きが生み出す特質や雰囲気を感受しながら，知覚したことと感受したこととの関わりについて考えている。〈観察，ワークシートⅠ〉」

第3時「②音楽表現の共通性や固有性について考え，『ビレンツェの歌』，『アリロ』，『バイェテ』のよさや美しさを味わって聴いている。〈観察，ワークシートⅢ〉」

　同資料は，このように例示などを参考にして，思考力，判断力，表現力等を育むスキルアップに役立てることができます。

平成29年告示中学校学習指導要領音楽における思考力，判断力，表現力等の事項

		第1学年	第2学年及び第3学年
表現	歌唱	ア　歌唱表現に関わる知識や技能を得たり生かしたりしながら，歌唱表現を創意工夫すること。	ア　歌唱表現に関わる知識や技能を得たり生かしたりしながら，曲にふさわしい歌唱表現を創意工夫すること。
	器楽	ア　器楽表現に関わる知識や技能を得たり生かしたりしながら，器楽表現を創意工夫すること。	ア　器楽表現に関わる知識や技能を得たり生かしたりしながら，曲にふさわしい器楽表現を創意工夫すること。
	創作	ア　創作表現に関わる知識や技能を得たり生かしたりしながら，創作表現を創意工夫すること。	ア　創作表現に関わる知識や技能を得たり生かしたりしながら，まとまりのある創作表現を創意工夫すること。
鑑賞		ア　鑑賞に関わる知識を得たり生かしたりしながら，次の(ア)から(ウ)までについて自分なりに考え，音楽のよさや美しさを味わって聴くこと。	ア　鑑賞に関わる知識を得たり生かしたりしながら，次の(ア)から(ウ)までについて自分なりに考え，音楽のよさや美しさを味わって聴くこと。
		(ア)　曲や演奏に対する評価とその根拠 (イ)　生活や社会における音楽の意味や役割 (ウ)　音楽表現の共通性や固有性	

〔共通事項〕ア　音楽を形づくっている要素や要素同士の関連を知覚し，それらの働きが生み出す特質や雰囲気を感受しながら，知覚したことと感受したこととの関わりについて考えること。

（酒井美恵子）

10

学びに向かう力，人間性等を育むスキル

授業計画を立てる際は，「知識及び技能」「思考力，判断力，表現力等」「学びに向かう力，人間性等」をバランスよく育むようにすることが大切です。ここでは「学びに向かう力，人間性等」を育むスキルを取り上げます。

1 中学校学習指導要領音楽における学びに向かう力，人間性等について

右ページの表のように，教科の目標と学年の目標の中に「学びに向かう力，人間性等」に関する目標が示されています。一方で，指導事項には直接的に示されていません。指導事項アの思考力，判断力，表現力等の育成，イ・ウの知識・技能（鑑賞はイの知識のみ）の習得に向けた学習全体を通して，学びに向かう力，人間性等を育んでいくことが大切です。

2 学びに向かう力，人間性等を育む指導と評価について

題材の目標は，「知識及び技能」「思考力，判断力，表現力等」「学びに向かう力，人間性等」に対応するよう設定しましょう。「学びに向かう力，人間性等」の評価については①「主体的に学習に取り組む態度」として観点別学習状況の評価で見取る部分と②個人内評価を通じて見取る部分があることに留意が必要です。国立教育政策研究所の「『指導と評価の一体化』のための学習評価に関する参考資料」から図を引用します。

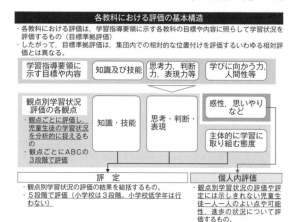

34

3　学びに向かう力，人間性等を育むスキル

　学びに向かう力，人間性等を育むスキルを教師が身に付けるには，中学校学習指導要領音楽における教科の目標，学年の目標を押さえた上で，「主体的に学習に取り組む態度の評価規準」についてしっかりと理解しましょう。また，その「評価規準」に基づき，生徒の実現状況を適切に評価するための評価方法も工夫しましょう。

　「『指導と評価の一体化』のための学習評価に関する参考資料」は，評価規準の作成方法や評価方法について説明と事例等で構成されています。主体的に学習に取り組む態度の評価規準と評価方法は，示されている４つの事例すべてで見ることができます。ここでは事例２（器楽）と事例４（創作と鑑賞）を見てみましょう。

> **事例２：主体的に学習に取り組む態度の「評価規準〈評価方法〉」**
> 第１時～第４時「三味線の構造や奏法による音色の違いに関心をもち，音楽活動を楽しみながら主体的・協働的に器楽の学習活動に取り組もうとしている。〈観察，ワークシート〉」
> **事例４：主体的に学習に取り組む態度の「評価規準〈評価方法〉」**
> 第１時～第４時「音色，テクスチュア（音の重なり方）の違いによる音楽が生み出す雰囲気や表情などの変化に関心をもち，音楽活動を楽しみながら主体的・協働的に創作と鑑賞の学習活動に取り組もうとしている。〈観察，ワークシート〉」

　同資料は，このように例示などを参考にして，学びに向かう力，人間性等を育むスキルアップに役立てることができます。

平成29年告示中学校学習指導要領音楽における学びに向かう力，人間性等に関する目標

中学校音楽科の目標	
(3)音楽活動の楽しさを体験することを通して，音楽を愛好する心情を育むとともに，音楽に対する感性を豊かにし，音楽に親しんでいく態度を養い，豊かな情操を培う。	
第１学年の目標	第２学年及び第３学年の目標
(3)主体的・協働的に表現及び鑑賞の学習に取り組み，音楽活動の楽しさを体験することを通して，音楽文化に親しむとともに，音楽によって生活を明るく豊かなものにしていく態度を養う。	(3)主体的・協働的に表現及び鑑賞の学習に取り組み，音楽活動の楽しさを体験することを通して，音楽文化に親しむとともに，音楽によって生活を明るく豊かなものにし，<u>音楽に親しんでいく</u>態度を養う。

（酒井美恵子）

授業の構成スキル

皆さんは毎時間の授業をどのように構成していらっしゃるでしょうか。ここでは50分間の授業をどのように構成するかについて，「指導言と評価言」，「育成を目指す資質・能力の三つの柱」の視点で考えてみましょう。

1 指導言と評価言

　授業は教師の指導言（指示，発問，説明など）と評価言（それに対しての評価）で成り立っています。この指導言と評価言が一致しているとき，生徒の意欲や力が高まっていくのです。

　例えば，「お互い聴き合って，演奏しましょう」という指導言に従って生徒が他のパートを聴きながら演奏したとします。演奏後に教師が「正しい運指で演奏できましたね」との評価言でほめたとしたら，いかがでしょうか。生徒は指示に従って取り組んだのに，そのことについては評価されていませんので，自分の取組がよかったのか課題があったのかが判断できません。これは一例ですが，音楽は響いている瞬間にのみ音が存在し，時間が経つと消えてなくなってしまう芸術ですので，その特性を踏まえて，とりわけ指導言と評価言が一致することが大切です。ねらいの明確な指導言を工夫し，それに対する生徒の状況を適切に評価しましょう。

　授業場面で考えてみましょう。右ページの指導言①と②はどちらも生徒の歌唱をほめています。指導言では曲想と歌詞との関わりを生かして，強弱を工夫して歌うことを求めていますので，まずは指導言①のような言葉で評価しましょう。その上で②のような言葉を添えるとよいでしょう。

指導言

今確認したように，歌詞の味わいを生かして，強弱を豊かに歌ってみましょう！

あしーたーはーまーべーを

評価言①

素敵に歌えました。皆さんの歌から，波の強弱を感じました！

評価言②

皆さんの美しい声で曲のよさが伝わってきました。

全般

---

2 三つの柱の何に迫っているかの意識をもって授業を構成しましょう

　新学習指導要領では，育成を目指す資質・能力が「知識及び技能」「思考力，判断力，表現力等」「学びに向かう力，人間性等」の三つの柱に整理されました。例えば授業が「来週からお祭りが始まりますね」という話題から始まったとします。三つの柱の何に迫ろうとしているかによって，続きの言葉が異なってきます。

① （知識）「お祭りの音楽の曲想とお祭りの歴史的な背景との関わりを学びましょう」

② （技能）「お祭りの音楽の旋律をリコーダーで吹けるようにしましょう」

③ （思考力，判断力，表現力等）「お祭りの音楽をこれから視聴しましょう。音楽について気付いたことや感じ取ったことを教えてください」

④ （学びに向かう力，人間性等）「お祭りを主催する方々のお話を聞きました。その方々がお祭りの音楽に魅力をもったきっかけのお話がとても素敵でした。それは……」

　これは，一例ですが，授業で育む資質・能力を意識することで，指導言も評価言もねらいに応じたものになります。意識してみてください。

（酒井美恵子）

12

指導計画の見直しスキル

PDCA サイクルによる指導計画の見直しが大切と言われます。
P（Plan）計画：年間指導計画や題材指導計画をつくります。／D（Do）実行：計画に基づいて授業を行います。／C（Check）評価：ねらいが達成できたか，計画通りに行えたかを振り返ります。／A（Action）改善：評価に基づき，計画の改善をします。ここでは，C（Check）の評価について考えてみましょう。

1　毎時間の振り返りの積み重ね

生徒に対する観点別学習状況の評価を，毎時間行っていらっしゃると思います。同時に，教師自身も，授業後に自らの指導の在り方を振り返り，次の授業内容を修正したり，翌年度の指導計画の改善に生かしたりすることが重要であることは言うまでもありません。また，生徒一人一人の個人内評価も大切です。全員の様子を記録するのは難しいことですが，少し大きめな欄の氏名一覧を用意して，毎時間気付いたことをメモしてはいかがでしょうか。

「優れた発言が多い」「技能を身に付けるのが早い」「私語が多い」「学びにくさがある」等の生徒に関しては記述が増えると思います。そのような中で，しっかり取り組んでいながら教師に着目されにくい生徒が見出せるかもしれません。そのような生徒はさらに伸ばし，問題行動や学びにくさがある生徒には，原因を理解して改善を図ることが大切です。そして，記録の記述が少ない生徒に声をかけたり，その生徒の頑張りを見出せる工夫をしたりすることで授業改善を図りましょう。

2　中長期的な振り返り

(1)　授業アンケートの活用

学校全体で授業アンケートを実施することが多くなっています。一生懸命授業を行っていても，評価が低い項目がある場合があります。謙虚に受け止め，改善を図りましょう。音楽科は専任教員が１校に１人のことが多いので，

1人で抱えず学校内で組織的に協議したり，市区町村の研究会音楽部会などで相談したりして，よりよい手立てを見出していきましょう。

(2) 研究授業

市区町村の研究会では，積極的に研究授業者を引き受けるのも，授業の見直しをする絶好のチャンスです。研究会のメンバーや招いた講師からたくさんの評価を得られます。

〈個人内評価のための記録用紙例〉
〇年〇組

番	氏名	特記事項
1	Aさん	〇/〇 Cさんに運指を教えていた。
2	Bさん	
3	Cさん	〇/〇 上手になれたとうれしそうだった。
4	Dさん	〇/〇 私語が多く注意した。
30	ADさん	〇/〇 「楽しかった」と言って音楽室を出た

また，研究授業者ではなくても研究テーマに基づいた授業を参観して，意見をもつことは，自身の授業改善に役立ちます。

3 主体的・対話的で深い学びの視点での授業改善

P11の解説のように，新学習指導要領では，「主体的な学び」「対話的な学び」「深い学び」の視点で，授業改善することが求められています。指導計画作成段階で，主体的・対話的で深い学びの視点で授業を見直していきましょう。

4 自分の禁句にしませんか？「昨年通り」「例年通り」

教師としての仕事は2年目から年間を見通せるようになり，とても行いやすくなります。経験を重ねると，様々なことが上手になります。だからこそ，「昨年通り」「例年通り」を禁句にして，指導計画を不断に見直してください。

（酒井美恵子）

13

得意でない楽器等の実演スキル

音楽科教師は音楽のことは何でも上手で，知っていると思われがちです。しかし，音楽科教師にも得意不得意があります。ここでは，得意でない楽器等の実演スキルについて考えていきましょう。

1 自分の得意な実演スキルを確認し，授業で生かしましょう

歌や楽器，作・編曲など，ご自身の得意なスキルを十分に授業で発揮しましょう。シューベルトの「魔王」を先生が生で歌ってくださったら生徒は一生忘れない音楽の授業になります。ムソルグスキーの「展覧会の絵」の原曲の一部を生のピアノで，ヴィヴァルディの「春」の一部を生のヴァイオリンで演奏してもらったら，生徒はずっとその感激を覚えていると思います。先生のつくってくださった曲に出会ったとき，自分たちの編成に応じて編曲してくださったパート譜を受け取ったとき，生徒たちは嬉しさを感じるはずです。

2 中長期的に実演スキルを身に付ける計画をしましょう

「こういう実演ができたらいいな」と授業を行う際に思うことがあろうかと思います。新たなスキルを獲得するチャンスです。習いに行く方法もありますし，インターネット上のデジタルコンテンツで，自宅にいながら学ぶことができる場合もあります。数年先の生徒の笑顔を思い浮かべて，新たなスキルを獲得しましょう。

声楽，ピアノ，三味線，筝は大学で学びました。ギターを弾けるようにして，生徒に教えたいです！

3 生徒の力を借りましょう

金管楽器と木管楽器，エアリード楽器の仕組みなどを学ぶときには，吹奏楽部があれば，その生徒たちの力を借りましょう。授業をするクラスに部員

がいない場合もあります。そのときは，事前に撮影をしておいて，「上級生が（同級生が）みんなのために演奏してくれている映像です」と紹介すると，オリジナル教材となり，生徒の興味・関心が高まります。

　合唱の伴奏などは，年間で取り扱う合唱曲を決めておき，クラスの中のピアノ経験者のうち希望する生徒たちに分担してもらいましょう。この際に，1人の生徒をピアノ伴奏専属にしてしまうと，その生徒が歌う機会が減りますので，複数人で分担することをおすすめします。

4　学内の教職員やゲストティーチャーの力を借りましょう

　学内の他教科の教師や職員の方々の中で，長年趣味として楽器を演奏している方は少なくありません。その方々の職務に支障がない範囲で，実演の力を借りてはいかがでしょうか。授業においていただくことは難しくても，事前に演奏を録画させていただいて教材化すれば，顔見知りの教職員の方々の素敵な一面を授業で味わうことにつながります。また，音楽を楽しんでいる大人のモデルとしても，意義があります。

　また，保護者や地域の方々の中にも素晴らしい力をおもちの方々がいらっしゃいます。事前に十分「日時」「授業のねらい」「内容」「費用」等について打ち合わせ，協力を仰ぎましょう。なお，教師1人の判断で行えることではないので，管理職とよく相談するとともに，学校としてのルールも確認して先方にご理解いただくことも重要です。

5　映像やデジタルコンテンツを活用しましょう

　教科書準拠の映像はもちろんのこと，授業で活用してよいデジタルコンテンツも教科書会社や楽器会社，楽譜会社等から多数発信されています。積極的に活用して，生徒の「分かる」「できる」「楽しい」の気持ちにつながる授業に役立てましょう。

　本書P56〜65のICT活用スキルもご参照ください。

（酒井美恵子）

14

備品の不足に対応するスキル

行いたい授業があるのに，学校の備品が不足している！　ということがあります。備品不足に対応するヒントをお伝えします。キーワードは必要な備品の再検討，計画的な購入や借用，デジタルコンテンツの活用等です。

1　中学校教材整備指針と照らし合わせてみましょう

教材整備指針とは，義務教育諸学校に備える教材の例示品目，整備数量の目安を参考資料として取りまとめたものです。最新のものは令和２年度から10年間の指針です。

文部科学省
学校教材の
整備

中学校音楽科の指針の中から例示品目を見てみましょう。

〈発表・表示用教材〉音楽用五線黒板，教授用掛図，楽器指導盤，伴奏指導用教材，鑑賞資料が例示されています。

〈道具・実習用具教材〉譜面台，指揮台，メトロノーム，ステレオ一式，録音機器，鍵盤楽器及び電子楽器，打楽器，弦楽器，管楽器，和楽器，世界の諸民族の楽器，音楽関係ソフトウェアが例示されています。

2　学校予算は限りがあるので，計画的に購入したり借りたりしましょう

公立学校の場合，教師の人事異動がありますので，新たに赴任したら音楽室や音楽準備室等の備品をまず調べましょう。そして，学習指導要領に基づく年間指導計画やすでにある備品を踏まえて，中長期的な購入計画を立てて，揃えていきましょう。

学校間で借用書を交わして楽器等を借り合うという方法を用いている場合があります。また，三味線や箏などを教育委員会が購入し，所管している学校を巡回させる仕組みで活用する方法があります。赴任した学校や教育委員

会が，どのような仕組みをもっているか等についても調べ，活用しましょう。

3 コンピュータや Web を活用しましょう

音楽用五線黒板を例にすると，古くなって書きにくくなっているなどの場合があります。その場合は，コンピュータや書画カメラと電子黒板やプロジェクターをつないで，画像を映し出すことで，きれいで見やすい視覚的情報となります。

また，例えば，ギターなどの学習で楽器の数が生徒数よりも少ない場合は，教科書会社や楽器制作会社等が発信している楽器の解説や演奏法のデジタルコンテンツなどが役立ちます。それらの視聴と実技を組み合わせるなどして備品の不足を補い，充実した学習を実現しましょう。

4 GIGA スクール構想に対応した準備をしましょう

本書をお読みの皆さんの学校は，「生徒1人1台コンピュータ」が実現しているでしょうか。当初は2023年度までに整備する計画でしたが，新型コロナウイルスのパンデミックをきっかけに，急速に進むこととなりました。音楽関係のソフトやアプリと，そのための指導力が必要になってくるでしょう。「生徒1人1台コンピュータ」が実現した授業をイメージして準備を始めましょう。

令和2年度から全面実施されている小学校学習指導要領では，プログラミング教育が位置付けられています。「小学校プログラミング教育の手引き」では，小学校音楽科において小学校第3学年から第6学年までの音楽づくりにコンピュータを用いることが示されています。そのような学習体験をした生徒たちが入学してきます。

本ページのテーマである備品の不足と少し離れた情報となりましたが，備品の不足対応をするとともに「準備の不足」とならないよう対応しましょう。

（酒井美恵子）

15

学級担任との連携スキル

授業を行う上で，学級担任との連携は極めて重要です。情報を得るとともに，授業での様子も積極的に担任の先生にお伝えしましょう。また，行事における留意点も見ていきましょう。

1 年度初めの学級担任との連携スキル

年度初めには，学校や学年で，配慮の必要な生徒の情報交換が行われることと思います。その中で注目してほしいのが聴覚過敏とディスレクシアです。

１） 聴覚過敏の生徒は，近くの音と遠くの音が同じような大きさに聞こえたり，特定の音や音の組み合わせに不快感をもったりします。リコーダーなどの個人練習が苦しいなどの困りごとがあれば，その時間は別の部屋に行くことや，イヤーマフなどの使用を検討しましょう。

２） ディスレクシアの生徒は，読み書き（漢字，平仮名，カタカナ，アルファベット等）に関する配慮はされていても，読譜に関する支援は見逃されがちです。

NHK for School の「ふつうってなんだろう？」は周りの人と感じ方が違うなどの人々の声を２分間のアニメーションにしているシリーズです。多様な生徒を理解する一助にしてください。

NHK for School
「ふつうってな
んだろう？」

（NHK for School　https://www.nhk.or.jp/school/tokushi/ui/origin/anime/）

2 折々行う学級担任との連携スキル

音楽科の授業では，表現と鑑賞のいずれの活動でも，音楽から感じ取ったことやイメージしたこと，自分の感情などを言葉で表す場面が多くあります。

その際，音楽科教師が生徒個々の変化やクラス内の変化に気付くこともあるでしょう。それらを学級担任に伝え，共有することが重要です。同時に，好ましい言動への変化もぜひ伝えて，生徒の成長をともに喜ぶ関係をつくりたいものです。とりわけ障害のある生徒は，周りの人の障害への理解不足から傷ついていることがあり，自尊感情が低い傾向があると指摘されています。よさを見つけたらぜひ担任と共有してください。その明るいニュースは，担任と保護者との間でも話題となって，自尊感情の高まりにつながります。

3　特別活動における学級担任との連携スキル

　中学校における特別活動は〔学級活動〕〔生徒会活動〕そして〔学校行事〕から構成されています。音楽科教師は，特に学校行事での活躍が期待されています。多くの学校で行われている校内合唱コンクール（校内合唱祭等）を取り上げて学級担任との連携を見ていきましょう。

　大切なことは，音楽の授業が，合唱コンクールの準備のための時間にならない，ということです。行事と授業のねらいは明確に異なりますので，そこを意識して取り組みましょう。例えば，音楽科教師の役割は「曲想と音楽の構造や歌詞の内容との関わり」を理解し，「創意工夫して他者と合わせて歌う技能」を高めながら，生徒が主体的に音楽活動できる力の育成とし，一方，学級担任の役割は「コンクールに向けて，課題を見出し，解決するために話し合い，合意形成し，役割を分担・協力して実践する活動を支援する」とし，音楽科教師と学級担任それぞれの立場で生徒の取組を支えることが重要です。この点を踏まえて文化的行事の成功に貢献しましょう。

　なお，音楽科教師であるご自身が学級担任であった際の合唱コンクール等については，公平性の点で配慮が必要です。「音楽科教師が担任のクラスは合唱コンクールのクラス練習は副担任が担当する」等のルールを決めている学校もありますので，参考になさってください。

（酒井美恵子）

16

誰もが分かりやすい手立てスキル
その１（学び方の特性への配慮）

　文部科学省が2012年に公表した調査結果によれば，通常の学級に在籍する児童生徒の6.5％（推計）が，特別な教育的支援を必要としている可能性があります。その後，アセスメント態勢や，個々の問題への対処法は格段に改善されましたが，何より大切なのは授業を担当する教師の理解とスキルです。

1　音楽活動は脳神経の高度な働きで成り立っています

　楽器の演奏などは，高度な脳神経ネットワークの働きによるもので，誰でもができることではありません。教師と同じように音楽活動を楽しむことのできる生徒がいる一方で，つまずいている生徒もいます。授業に参加しているふりだけで自分では何もできていない生徒や，大変困り，劣等感や屈辱感を味わっている生徒が１クラスに２～３人はいると考えてください。

2　音楽授業に特有な困りごと

　音楽の授業で困っている生徒は，もちろん他でも困っているので，文部科学省も指示しているように組織的な対応が大切です。しかし，音楽に固有の困りごともあることを認識しておきましょう。

(1)　聴覚過敏（知覚過敏の一種）

　聴覚過敏の深刻な場合，音によって耳や頭が錐で刺されているような苦痛を感じると言います。それほどではないまでも，大きな音，リコーダーや篠笛のうなり，ある種の低音，自分たちの歌唱などを聴くと，気分が悪くなる生徒もいます。音楽の授業では，音から完全に離れることは難しいので，性能のよいイヤーマフなどの適切な使用を奨励していきましょう。

(2)　協調運動に困難

　音楽の実技は，全て身体運動の適切なコントロールを要求します。授業では，楽譜などを目で追いながら，歌ったり楽器を奏でたりする活動も行いま

す。このような協調運動に著しい困難のある場合があり，それは脳機能の障害であって，本人の努力不足などとは次元の違うものです。

　必要に応じて，教材の音楽を録音してあらかじめ覚えられるようにする，その生徒の特性に合った別パートを準備しておく，楽器に固執せずタブレット端末から音を入力する，パーカッションや指揮など別の役割を振る，のような，個々に合わせた手立てを取りましょう。

配慮

(3)　読譜に著しい困難

　発達性読み書き障害は，その定義の仕方や言語圏にもよりますが，出現率が人口の５〜８％というデータがあるほど多いです。文字のことばかりがクローズアップされていますが，楽譜の判読にも困難があります。人間の脳は，目で捉えた文字を音に置き換えて処理をし，そのことによって読みが成立するのですが，発達性読み書き障害はこの「音化」プロセスに障害があるとされています。程度や実際の症状はとても多様ですが，一般的には知的な問題がなく，むしろ活発であったりよく話したりするため，他者から気付かれにくく，本人も気付きにくいのです。

　この障害がある人は，五線譜はバーコードのように見えるという発言もあるほどで，努力を促すことには意味がありません。曲を覚えてもらった上で，文字譜，色と形による「フィギャーノート」の活用，それらの組み合わせなど，自分で練習できる手立てを準備して渡すことが肝要です。

(4)　聴覚情報の取捨選択に困難

　視覚や聴覚で捉える情報のうち，その場において必要なものを選んで処理することが，非常に苦手な生徒がいます。音楽では，曲を支える低音の動きを聴く，内声の動きを聴く，等には無理があります。必要なら，聴くべき音とその動きを図示しながら，実際に音を出す体験をさせるなど，丁寧に手順を踏みましょう。

（阪井恵）

誰もが分かりやすい手立てスキル
その２（日本語が不自由な生徒への配慮）

> 在留外国人は2019年に約280万人。日本は既に多国籍国家になっていると言えます。現在，日本語が不自由な児童生徒が約５万人いるとされており，サポートを受けられないままの人は，中学卒業以後も大変な困難に直面しています。小中学校での学習をサポートすることは急務です。

1 文化交流の好機と捉えて題材を構想しましょう

　中学生の場合，日常会話も学習での用語も抽象度が高くなります。幼児や小学生は，情緒的・身体的な表現でコミュニケーションが取れますが，中学生は言葉の不自由が自己表現に圧倒的な不利となり，能力が低いように見なされて屈辱感を味わい，その結果，学校を離れてしまう生徒もいます。

　音楽は，「言葉で表現できないものを伝える」機能がありますから，日本語が不自由で困っている生徒に，よい役割を担わせるような題材構想ができるのではないでしょうか。異文化と接触する好機と捉えて，その生徒の存在に合わせた題材を１つ構想してみましょう。

　最も手軽なのは，当該の生徒やその家族にお願いして，やさしい歌などを教えてもらう，という企画です。やさしい歌詞の発音を教えてもらってまねたり，踊りのステップを教えてもらったり，というのが盛り上がります。また，「早口言葉」なども独特のリズムを含んでいることが多く，よい教材です。

　しかし，当該生徒に丸投げしても充実した授業はできません。教師自身がある程度，当該の言語や生徒の家庭的文化的背景を知り，周囲の協力を求めながら題材を構想することが大切です。

2 学力の保障のために〔共通事項〕を活用しましょう

　このように音楽は，クラスにおける外国人生徒の居場所を確保し，コミュ

ニケーションのきっかけをつくることに貢献できます。その上で，当該生徒のために重要なのは，学力の保障です。日常会話では何とかなっても，学習のための言葉が不自由であることが，中学生以上の大きな問題です。

配慮

　音楽の場合，各校種の学習指導要領に〔共通事項〕として示されている概念が，ここでも大変役に立ちます。音楽を形づくっている要素に関する言葉と意味が分かって使えるだけで，グループ活動への参加の度合いはすっかり変わります。先生から，教材となる楽曲について話をする時にも，これらの概念を意識的に分かりやすく使いましょう。

3　小学校学習指導要領の〔共通事項〕も活用しましょう

　言葉の不自由な生徒に対しては，小学校学習指導要領の整理も参考にすると，より分かりやすく説明できそうです。以下のような概念（言葉）が，音楽的な特徴や，演奏についての思いを表すために，有効に使えるでしょう。

音楽を特徴付けている要素に関係する言葉	音色　リズム　速度　旋律　強弱　和音　拍 フレーズ　調　音階
音楽の仕組み・構造・成り立ちに関係する言葉	反復　呼びかけとこたえ　変化　形式 　（aba　aa'ba' などの言い方でもよい）
〔共通事項〕（1）のイに示されている記号や用語（ここでは省略）	

　たとえば，「浜辺の歌」が教材であるとしましょう。

　「6/8拍子の曲で，1　2　3　2　2　3　（指揮の動作を伴って）と拍にのります」「形式はどうなっているでしょう？　はい，aa'ba' の形式です」「音楽の流れが大きく変化するのはどこでしょう？」「bの部分の旋律は，aの旋律と違いますね。音は下から上へ向かいますか，上から下へ向かいますか。リズムは変化しますか？」などの使い方ができます。図や音も使って示しながら理解を促せば，学習は十分に成立します。扱う概念を焦点化することは，発問や説明のユニバーサルデザインとも言えます。

（阪井恵）

18

音楽室の整理整頓スキル

音楽室には，様々なディスク，楽譜や譜面台，楽器や楽器スタンドなどがあります。誰が戻しても同じになるということを念頭に，整理整頓を示す方法を工夫しましょう。ここで紹介するキーワードは「通し番号」「掲示とテープ」「ラベルの活用」「お店屋さんを参考に」です。

1 複数あるものは通し番号を付けましょう

同じ形状の楽器や共有して使用する楽譜などがある場合は，通し番号を付けて管理しましょう。ケースがない場合，楽器に直接記入するのはとまどいます。しかし音色に関係のないところに書いたり貼ったりしましょう。

例

2本でセットのときは同じ番号を書きます。

同じ楽器等には同じ場所に番号を書きましょう。

楽譜などは表紙と背表紙に書きましょう。出席番号と対応させて取り出しやすくなります。

2 掲示とテープを活用しましょう

床にテープを貼ると，片付ける場所を限定できます。

例：譜面台をすぐ使えるようにしておきたい場合

1 床にテープを貼ります。
2 テープの内側に置くよう文字で示してあります。
3 置く向きを文字とイラストで示してあります。

テープの内側におきましょうこの向きで

その他，シロフォンや鉄琴などはスタンドの足を置く場所をテープで示したり，ドラムセットの置き方を掲示して床にスタンドを置く場所にテープを貼ったりするなど，様々な楽器で活用できます。

3　似ているものはラベルを活用して分けましょう

棚にラベルを貼ることはよく行います。いろいろな入れ物にもラベルを活用して，分類しやすくしましょう。

例：箏の爪を大きさ順に入れられるよう，箱に数字のラベルを貼ります。サイズが合わない場合用にマジックテープの爪も用意してある図です。

例：スティックやマレットは同じものだけを入れます。分かりやすいよう写真やイラストも貼ります。

4　お店屋さんを参考にしましょう

お客さんが選びやすいよう，そして手に取りやすいよう商品名のラベルや商品の高さなどが工夫されています。それは手に取った商品を戻しやすいということでもあります。いろいろなお店の工夫を，参考にしましょう。

例：楽器店を参考に（使用別，種類別にラベルを付けた間仕切り）

例：スーパーマーケットを参考に（高いところに大きな字）

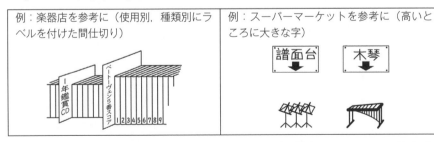

なお，床のテープや大きな掲示は，学習場所（「次の人はここで待ちましょう」や「この下で練習しましょう」など）を示す場合にも使えます。

【参考文献】『音楽授業のユニバーサルデザイン　はじめの一歩』阪井恵・酒井美恵子著（明治図書）P50-51

（酒井美恵子）

19

音楽室のレイアウトスキル

音楽室のレイアウトは，そこで行われる学習活動の動線に適っていることが最も大切です。しかし1つの音楽室を複数の学級・学年が共有しますから，基本レイアウトはそうそう小まめに変えられません。フレキシブルな使い方の可能性を視野に入れ，一度見直しておきましょう。

1　このレイアウトはベスト？　いろいろなレイアウト

新型コロナウイルスのパンデミック以降，物品などの除菌や消毒が必要となっています。そのためにも，音楽室に不必要なものを置かずすっきりとレイアウトすることが推進されているようです。レイアウト見直しの好機と捉え，現在のレイアウト以外に，よりよいものが有り得るのではないかと考え，必要に応じて行動に移してください。

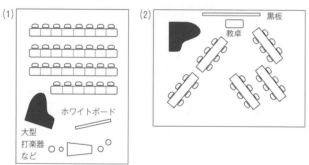

(1)と(2)は，どちらも机を使用するレイアウトですが，(1)は図の下部にあたる前方に十分なスペースを取り，置いてあるものは可動性があります。(2)はグループ活動を念頭に，机による「島」をつくっています。また，(2)は，長机をハの字に配置して，黒板のある前方にも注目しやすくしています。

2 学習のための活動形態から考えましょう

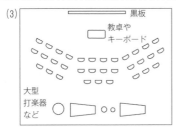

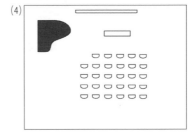

(3)と(4)のように机を使用せず，椅子だけ，もしくは椅子と譜面台だけ，というレイアウトもあります。椅子と譜面台なら片手で移動することも可能なので，状況に応じてスピーディに，望ましい場をしつらえることができます。ギターや三味線のような楽器を扱うときには便利であると言えます。

しかし，中学校の場合は，1回の授業の中でメモを取ったりワークシートに記入したりするという学習手段は必要です。机を使わないレイアウトの場合は，クリップボードなどを用意し，無理のない姿勢で「書く」こともできるようにしましょう。

生徒が，個人で，ペアで，グループで，感じたことを深めるプロセスは，ほぼ全ての授業で大切にされます。その観点から言うと，中学校では，机の適切な使用が望ましいと考えられます。

歌唱の場合，生徒は歌詞の意味を吟味し，作曲者の意図を汲み取り，表現の仕方を工夫しますが，グループで話し合いながら学習を進めるパターンが大半でしょう。曲も，グループごとにイヤホンスプリッターを使って聴くような学習活動をするかもしれません。

器楽では，ペアになってお互いの姿勢や音をチェックし合うでしょう。創作は最もグループ活動が生きる活動です。これらの活動形態を考えると，ワークシートをみんなで見たり，記入する人がいたりすることを想定して，みんなで囲める机を置くことが望ましいでしょう。 　　　　　（阪井恵）

20

学習効果が高まる掲示物スキル

音楽室の掲示物は，音楽の学習をより効率的かつ効果的に行うためのアイテムです。掲示物には，授業規律に関するもの，学習の定着に関するもの，学習の記録に関するもの等，様々な種類があります。音楽室づくりの一環として，教師の思いや考えを掲示物で表してみましょう。

1 授業の方法・内容に関わる掲示

音楽室の前面，側面，後方，廊下等，空いている壁やスペースを活用します。基本的な掲示物として，以下のようなものが考えられます。

(1) 音楽の授業の目標とルール

前面に通年掲示（以下は一例）します。最初の授業，授業規律がゆるんできた，意欲が下がってきた，授業の振り返り等々，様々な場面で活用します。

《音楽は心の開放だ》 1，いつもいい笑顔で（^^ ♪ 2，仲間との認め合い！ 3，心を発散する！！

《音楽の授業の決まり》 1，時間を守ろう！ 2，忘れ物はしない！ 3，授業の半分は聴く時間！ 4，音楽を通してクラスを創る！

(2) 座席等の指示

音楽室の入口付近に掲示します。生徒が授業開始前にこの掲示を確認することによって，その時間の学習活動を行いやすい授業形態を効率的につくることができます。

(3) 学習内容の定着を図る掲示

新学習指導要領に対応し，育成を目指す資質・能力を生徒が分かるように示した次のような掲示が考えられます。効果的な場面で用いることで，生徒は「今は○○について

学習をしているんだ」と，はっきり認識できるようになります。

《知識》	《技能》	《思考・判断・表現》	《主体的に学習に取り組む態度》
―知る・分かる― 曲想⇔音楽の構造 音楽の多様性 音楽の背景 　（文化・歴史） 読譜	声で表現する 楽器で表現する 作品を創る	聴き取る（知覚） 感じ取る（感受） 創意工夫する 聴き味わう 伝え合う	歌唱・器楽・創作・鑑賞への… 前向きな気持ち 興味・関心 みんなに発信 仲間と協働

環境

(4) 音楽を形づくっている要素〔共通事項〕

　マグネットシートをつくって並べておき，学習活動の中で，すぐに「この要素のことだね！」と示すことができるようにします。〔共通事項〕イの用語や記号も同様に作成してみましょう。

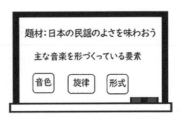

2　学習成果物の掲示，音楽科新聞

(1) 生徒の学習活動の記録

　つくった作品，合唱コンクールへの取組の記録，他の見本となるような提出物等を紹介します。

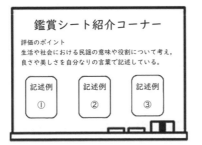

(2) 音楽科新聞

　「授業時間内では語り尽くせない！」伝えたい思いがあふれる先生へ。学級通信の要領で新聞にして掲示してみてはいかがでしょう？

（中内悠介）

21

デジタル教科書の活用スキル

文部科学省が行っている学校の情報化の実態等に関する調査（「令和元年度学校における教育の情報化の実態等に関する調査結果」2020）では，令和元年度の指導者用デジタル教科書の整備率（全国の平均値）は56.7%，学習者用デジタル教科書の整備率は7.9%でした。今後，生徒1人1台の端末時代の実現により，デジタル教科書の活用が進むと思われます。

1 指導者用デジタル教科書の活用

活用が広まっている指導者用デジタル教科書は大画面に映して用います。音楽科でも，教科書発行者が指導者用デジタル教科書を作成しています。授業では紙の教科書と同じ内容を大画面に映しながら，例えば次のような活用ができます。

・ズーム機能で説明箇所を大きくできるので，見やすい。

・ペンの機能で，画面上の歌詞や楽譜にマークできるので，理解しやすい。

・教材曲の演奏の機能の活用により，聴きながら楽譜のどこを演奏しているか視覚的に理解できる。

・教科書の説明とともに，該当する動画を見ることができる。

・合唱曲や合奏曲は，パートを選んで再生できるので，操作を許可された生徒が操作し，パート練習に活用できる。

様々な使い方ができますので，同じ市区町村内の教師で構成している研究会などでよりよい使い方の情報交換などをなさるとよいと思います。

2 学習者用デジタル教科書の現況と今後の普及の見通し

学習者用デジタル教科書が広まっていない主な理由がいくつかあります。

・生徒1人1台の端末が実現していない。

・紙の教科書が無償提供され，デジタル教科書は有償である。

しかし，これらの状況は今後改善されるでしょう。まず，GIGA スクール構想で，1人1台端末の環境が実現するとともに各学校の高速通信環境が整備されます。また，「学習者用デジタル教科書普及促進事業」により，1人1台端末の環境が整っている小中学校に学習者用デジタル教科書を文部科学省が提供し普及促進を図ることが計画されています。そして，「紙の教科書」と「デジタル教科書」それぞれの有効性などの検証が進み，令和7年度から使用する教科書は，もしかしたら100％の生徒が1人1台端末の環境の中で，デジタル教科書を用いて学習しているかもしれません。

3 学習者用デジタル教科書の活用

文部科学省のホームページで，「学習者用デジタル教科書実践事例集」（2019年3月）を読むことができます。そこでは学習者用デジタル教科書の学習方法例を10種類紹介しています（「1　拡大」「2　書き込み」「3　保存」「4　機械音声読み上げ○」「5　背景・文字色の変更・反転○」「6　ルビ○」「7　朗読」「8　本文・図表等の抜き出し」「9　動画・アニメーション等」「10　ドリル・ワークシート等」　※○が付いている項目は，特別な配慮を必要とする児童生徒にとって特に役立つ機能です）。これらは他教科の事例ですが，音楽科でも生かせる機能です。

4 留意点

①ルール：デジタル教科書の使用について禁止事項等のルールが定められています。使用にあたっては教師も生徒もルールを遵守しましょう。

②トラブル：紙の教科書よりデジタル教科書のほうが，トラブルが予想されます。停電したら，指導者用デジタル教科書を映せなくなるでしょう。充電しそびれた端末では学習者用デジタル教科書が使えません。トラブルは当たり前くらいのつもりで，教師による範唱，範奏，板書などの指導技術を磨き，予備の端末を用意するなどしましょう。　　　　　　　（酒井美恵子）

22

音楽学習にタブレットを用いるスキル

> タブレットは携帯性や操作性に優れ，音楽の学びを促進し深めてくれる機器です。また，タブレットを使った音楽の新たなつくり方によって多くの曲が発表され人気を博すとともに，現在では市民権を得ています。つまり，タブレットは音楽の伝統を学び，また，創造性を育むのに最適な機器と言えるでしょう。

1 タブレットでできること

　一言で言えば，マルチメディアを閲覧したり共有したり，またつくり出すことができるのがタブレットです。マルチメディアとは文字や画像，映像や音声などをひとまとめに提供するメディアのことです。しかも指一本で自分が聴きたい／見たいものを焦点化できます。タブレットを動かす OS（Operating System）にはいくつか種類があります。Apple（iPad）の iOS，Google の Chrome OS，また Microsoft（Surface など）の Windows が代表的でしょう。

2 音楽の授業に使えるアプリ

　それでは音楽の授業に使用できるアプリをいくつか紹介しましょう。まずは OS を問わず使用できるもの，次に iPad で使用できるものを紹介します。

(1) **ロイロノート**（https://n.loilo.tv/ja/）

　全ての OS の他，Web 版も提供されています。一つ一つの情報をカード化することで，それぞれのつなげ方を試行錯誤しながら考えを深めることができ，またそれをクラスで共有することもできます。例えば，ある楽曲の旋律をいくつかに分割しカードに 1 つずつ貼り付け，つなげ方を様々に試したり，各旋律の気付きを別のカードに記し，それを旋律のカードに結び付けたりするといった実践が可能です。

(2) CHROME MUSIC LAB (https://musiclab.chromeexperiments.com/)

Web上で提供される14もの音楽アプリです（もし使用できな
ければ，ブラウザにGoogle Chromeを使用してみてください）。
「Song Maker」はブロックを配置しながら音楽をつくるアプリで，
生徒がつくった曲を保存することもできます。

(3) iPadに標準インストールされたアプリ

iPadに標準でインストールされたアプリはたくさんあります。「Garage
Band」は非常に多機能な音楽制作アプリです。楽器の音源やリズムマシーン
は多彩で，それらを活用して曲をつくることができます。「カメラ」で自分
たちの演奏風景を録画して，よりより表現を追求することもできます。さら
に「iMovie」を使えば素敵な音楽ポートフォリオをつくることができます。

(4) Medly（iPadアプリ：基本無料）

音楽制作アプリです。リズムやベース，ハーモニーのサンプ
ル・ブロックが多数用意されており，それらを組み合わせること
で伴奏を作成することができ，また，伴奏に合わせてメロディをつくること
ができます。音階は長調短調の他，ヨナ抜き音階（五音音階）にも設定でき
ます。音素材を録音するサンプリング機能も付いています。Garage Band
よりも機能が制限されており，使いやすいと思います。

(5) Amphio Limited「オーケストラ」（iPadアプリ：有料）

古典から現代までのオーケストラ曲や楽器について学ぶこと
ができます。曲を再生すると各ウィンドウに分かれた楽譜や指
揮者，オーケストラの各セクションの演奏映像，さらに演奏している楽器が
点滅するグラフィックが連動して表示されます。また，自分が焦点化したい
ウィンドウをタップするとそれが拡大表示されます。このように視聴者の意
図で表示が変えられるというのは，タブレットのもつ最大の利点と言えるで
しょう。このアプリでは，オーケストラの楽器について学ぶこともできます。
この会社のアプリにはこの他「ベートーヴェンの第9」や「ヴィヴァルディ
の四季」，また「リストのピアノ・ソナタ」があります。　　　　（瀧川淳）

23

ネットを活用して音楽を深めるスキル

視聴覚資料や音楽書にないネット上のデジタルコンテンツのよさ。それはなんと言ってもマルチメディア（音声・静止画・動画や文字がひとまとめになっているメディア）であることとアクセスのしやすさでしょう。ネット上にあるいろいろな音楽情報に接して，音楽の学びを深めるスキルを磨きましょう！

1 バーチャル・ゲストティーチャーを活用しましょう

中学校学習指導要領音楽では ICT の効果的な活用は「生徒が様々な感覚を関連付けて音楽への理解を深めたり，主体的に学習に取り組んだり」できるようにするためとあります。ネット上では，様々なプロフェッショナルたちが自分の技や知識を余すところなく紹介しています。ネットにアクセスできる環境があれば，いわばバーチャル・ゲストティーチャーにいつでも出会うことができるのです。授業のねらいに応じて，活用しましょう。

2 音楽を学ぶためのデジタルコンテンツ

それでは，音楽への理解を深め，主体的に学習に取り組むためのデジタルコンテンツをいくつか紹介します。

（1）**YouTube**（https://www.youtube.com/）

YouTube の中の情報は玉石混交ですが，極めて優れた演奏もアップされています。そして音程を変化させずに再生速度を変更できるのです！　設定から再生速度を0.25〜２倍まで変更できます。例えば，鑑賞時の演奏表現や音楽を形づくっている要素を聴き取ったり，表現活動では速度を変更し，それに合わせて練習したりするといった活用方法が考えられます。

（2）**学校音楽教育支援サイト music pal**

（https://jp.yamaha.com/services/music_pal/index.html）

ヤマハが運営する音楽学習サイトです。「音楽について勉強しよう」では，

音楽史やクラシックの名曲，楽譜やコード，さらに作曲について学ぶことができます。「楽器について知ろう」では，音楽の授業で使用される楽器の他，管楽器や弦楽器，打楽器について様々な事柄を学ぶことができます。各楽器の演奏の方法や運指表なども掲載されています。

(3) **伝統音楽デジタルライブラリー** (https://www.senzoku-online.jp/TMDL/j/index.html)

　洗足学園音楽大学オンラインスクールのサイトです。日本の伝統音楽の楽器を学ぶことができます。演奏を聴くことはもちろんのこと，楽器の準備の仕方やそれぞれの楽譜について，また演奏方法なども動画で詳しく説明しています。箏，三味線，尺八，笛，鼓，琵琶，津軽三味線，太鼓，十七弦，アンサンブルなどのページが用意されています。

(4) **文化デジタルライブラリー** (https://www2.ntj.jac.go.jp/dglib/)

　伝統音楽の楽器のほか，舞台芸術（雅楽，能楽，歌舞伎，文楽，大衆芸能や琉球芸能）や伝統的な歌唱を学ぶことができます。その他，日本の伝統芸能に関する講演記録や国立劇場，国立能楽堂，国立文楽劇場が所蔵する文献・絵画なども整備されています。

(5) **学習支援コンテンツ** (https://textbook.kyogei.co.jp/library/)

　教育芸術社の運営するサイトです。「鑑賞資料／お楽しみコンテンツ」や「YouTube 教芸チャンネル」（合唱曲やパート別練習用の動画），「オーケストラ動画紹介」など視聴覚教材が充実しており，さらに「音楽しらべ隊」では，郷土の音楽，世界の音楽や作曲家のことを知ることができます。

3　情報の大海から有益なものを選べるようにしましょう

　ネット上には信憑性の薄い情報があることは事実です。しかしそれを教師が削除して，よいものを生徒に提供するのではなく，ネットの情報の質は様々であることを伝え，生徒自ら評価できるよう指導することは音楽を通した情報リテラシーの学習にもつながります。

（瀧川淳）

24

電子黒板活用のスキル

> タブレット等の生徒１人１台の運用とともに，電子黒板も進化しています。操作が簡単になり，多様な端末に対応したマルチ OS 型など，タブレット等と電子黒板を無線 LAN でつなぐ環境も整ってきました。生徒が聴覚や視覚等，様々な感覚を関連付けて音楽への理解を深めたり，主体的に学習に取り組んだりすることができるように効果的に活用していきましょう。

1 電子黒板の活用場面を整理しておきましょう

　中学校学習指導要領総則において，情報手段の活用について「情報活用能力の育成を図るため，各学校において，コンピュータや情報通信ネットワークなどの情報手段を活用するために必要な環境を整え，これらを適切に活用した学習活動の充実を図ること」と示されています。このことは，教科横断的に情報活用能力を育成するとともにsociety5.0で実現する社会において生徒が手段として生活等に活用できるようにするために，音楽科においてもICT を活用して学習活動の充実を図る必要があるということです。

　学習活動の充実を図る際，電子黒板の特性や強みをどの場面で，どのような学びに活用するかを整理しておく必要があります。特に，アクティブラーニングの視点に立った授業において効果的に活用しましょう。

2 アクティブラーニングの視点に立って活用しましょう

　どの場面で，どのような学びに活用するかの参考事例を示します。

⑴　一斉学習の場面・主体的な学びへ

　課題の提示や楽譜を拡大してポイントを書き込むなど，課題の把握や興味・関心の喚起，見通しをもって取り組む場面に活用しましょう。音楽科においては書画カメラで楽譜や運指を映したり，

AVミキサーを連動し画面分割したりして楽譜や演奏，表現のポイントを示すこともできます。Zoom等で遠隔授業をする際もAVミキサーを活用すると音質などが低下することなくやりとりが行え効果的です。

(2) 協働学習の場面〜対話的な学びから深い学びへの広がりへ

発表や話し合いの場面において，意見の共有や比較検討し整理するなど対話的な学びが深まるように効果的に活用しましょう。音楽科においては各自の作品や表現の工夫を提示して思いや意図を述べたり，創意工夫の経緯など共有したりするなどの活用法が考えられます。

写真は長唄「勧進帳」の一節を聴き，歌いながら産字や節回しの特徴を視覚的に捉えている場面です。また，音楽室においては大型モニターやプロジェクター等と同期させて，複数の画面で視聴できる環境を整えることも効果的です。

(3) タブレットと連動させて活用しましょう

写真は「Mentimeter」という統計アプリを活用し，曲を聴きながら各自のタブレットから感じたことを電子黒板に提出し，曲想と音楽の構造や歌詞の内容との関わりについて理解していく場面です。タブレットと連動させることで，それぞれの思いや意図を共有したり，アプリを活用して創作した音楽を発表したりするなどができるので，生徒たちが主体的に楽しんで活用できる場面を設けましょう。

（上野正直）

25

リモート合唱，リモート合奏編集スキル

クラスや部活の仲間，遠く離れた友人といつでもどこでも一緒に音楽ができることがリモート演奏のよさです。また，納得するまで何度でも撮り直しができるため，演奏を比較してよりよい演奏へと工夫し考える力が身に付きます。その編集などのスキルを身に付けることは，教師にとって必ず役に立つでしょう。

1 曲決め

リモート演奏をする最初のステップは曲決めです。どのような曲がよいか難易度別にご紹介します。

難易度	☆☆★	テンポが変わらない曲
難易度	☆★★	rit. などテンポが変わる曲
難易度	★★★	アカペラなどの無伴奏曲

初めてリモート演奏する際には，「難易度☆☆★　テンポが変わらない曲」がオススメです。「難易度☆★★」や「難易度★★★」に挑戦する際には，演奏者同士の打ち合わせや，後にご紹介する音源等を工夫するとよいでしょう。

2 演奏するための音源等の準備

曲を決めた後に，基準となる音源等の準備をします。演奏者は音源に合わせて演奏をすることでテンポや表現などのズレを少なくすることができます。いくつかの方法をご紹介します。

オススメ①　CD やインターネット，または過去の演奏音源
オススメ②　メトロノーム
オススメ③　メロディーパート，リズムパートを録音したもの
オススメ④　演奏を意識した指揮者の映像

3　録画・録音をしましょう

いよいよ撮影に入ります。リモート演奏のために専門機材の購入をする必要はありません。今回は誰でも気軽に撮影できる方法をご紹介します。

〔必要機材〕　スマートフォン，パソコン，イヤホン
〔手順〕①　**2**の音源をパソコンに取り込み，イヤホンをパソコンにつなぐ
　　　　②　撮影場所を決め，スマートフォンで録画を開始する
　　　　③　音源を再生する（片耳イヤホン推奨）※
　　　　④　演奏をする
　　　　⑤　録画を停止して保存をする
　　　※両耳着用の場合，演奏中の自分の音が聴こえない場合がある

スマートフォンの撮影の場合，ノイズや環境音が入ってしまう恐れがありますので，静穏な環境を保つ工夫をすることが大切です。

4　編集をしましょう

撮影を終えたら演奏者全員のデータを集め，最後の工程である「編集」をしましょう。演奏者は同じ音源での撮影のため，基本的には演奏開始のタイミングや，画面分割を調整することができれば完成です。

編集ソフトは，スマートフォンの場合，Apple 社の「iMovie」（無料アプリ）または，Adobe 社の「Adobe Premiere Rush」（無料アプリ）などがあります。

本格的な作業（細かな音質調整や大人数の編集）に興味のある方は，パソコンの動画・音楽編集ソフト「Final Cut Pro（有料ソフト）」「Logic Pro（有料ソフト）」などで編集すると，さらによくなるでしょう。

なお，本スキルを執筆するにあたって北見が友人とともにリモート合唱「いのちの歌」を作成しました。難易度は☆★★，使用ソフトは「Final Cut Pro X」と「Logic Pro X」です。QR コードからリモート合唱をご覧いただけます。　　　　　　　　（北見響，酒井美恵子）

26

生徒が歌唱に意欲的になるスキル

「歌う」の語源は「訴える」と「打ち合う」という説があり，気持ちを伝えたい，気持ちを分かち合いたいという行動の現れと言われます。また，気分がよいときに鼻歌をしたり歌を口ずさんだりすることもあります。生徒が心を開いて意欲的に歌唱できる授業づくりを工夫しましょう。

1 「音楽が嫌い」ではなく「音楽の授業が嫌い」

前述したように，人間は歌うことが大好きです。それが，音楽の授業になったとたん，歌わなくなるという現象も少なからずあります。

生徒へのアンケートで「音楽は好きですか？　嫌いですか？」と問うことがあります。嫌いと答えた生徒は「音楽」が嫌いなのではなく，「音楽の授業が嫌い」と答えていると認識しましょう。「歌うって気持ちいいな，素敵だな」，生徒がそのような気持ちになるような授業を考えていくことが教師の大きな使命なのです。これが授業づくりの基本となります。

2 誰もがもっている楽器「声」は素晴らしい

歌唱には，いつでも，どこでも，誰とでも音楽を奏でられるという特徴があります。音楽の授業だけに留まらず，学校行事などでも重要な場面で用いられます。校内合唱コンクールは生徒が一番燃える校内行事と言っても過言ではありません。学校の特色となっていて，音楽科の教師が企画・運営に大いに貢献することが多い行事です。音楽科の授業で創意工夫したり音楽的な知識や技能を身に付けたりしたことをもとに，行事や学級活動では，仲間と協力し合って1つのことをつくり上げていく喜びや諸課題を解決していく経験を積ませることができます。もちろん生徒が賞を獲るためだけに頑張っているとしたら本末転倒です。音楽科の教師は音楽科のねらいをしっかりと認識して，音楽科の求める力を育てていくことに尽力しましょう。

3 　授業の始めと終わりにテーマソングを歌いましょう

　生徒は 1 日に何時間も授業を受けています。音楽の授業ならではの工夫を
しましょう。「それは歌に始まり，歌で終わる」授業です。音楽の授業は歌
唱の他に器楽，創作，鑑賞の活動があります。どんな活動をするにしても，
授業の始まりには必ずテーマソングを歌うという常時活動を入れると生徒は
気持ちの切り替えができ，スムーズに授業に入っていけます。

　授業の始まりのテーマソング例（QR より視聴できます）

　　「きょうの日を」作詞・作曲　長野三郎

　授業の終わりのテーマソング例（QR より視聴できます）

　　「さようなら再見」作詞・作曲　小山章三

4 　教師は役者になりましょう

　教師はともすると，生徒に説明して「やらせる」だけになってしまうこと
があります。しかし，説明したら「やらせる」前に教師が「やってみせる」
ことが大切です。大きな声や動作でやってみせれば生徒も一生懸命まねしよ
うと頑張ります。そしてやらせてみた後は「評価」をしましょう。評価とは
点数を付けることだけではありません。一番大切な評価は「ほめる」ことで
す。教師自ら豊かな表情で「楽しい，面白い，感動した」と全身で表現しま
しょう。

　「ほめる」と「お世辞」は全く違います。根拠のない教師のお世辞を生徒
は敏感に見破ります。生徒が意欲的になるかならないかは教師のほめ方 1 つ
です。たとえ進度が遅くても生徒が少しでも頑張ったところを見つけ，「ま
だできてないじゃない」ではなく「ここまでよく頑張ったね，〇〇がとても
よくなったよ，素晴らしい」と具体的に大いにほめ，「ここをこうすればさ
らによくなるよ」と次への課題を具体的に示してあげましょう。

（太宰信也）

27

歌唱共通教材指導スキル
その１（赤とんぼ，浜辺の歌）

中学校の歌唱共通教材は７曲あります。学習指導要領で各学年において１曲以上歌うことが示されています。ここでは「赤とんぼ」（三木露風作詞／山田耕筰作曲）と「浜辺の歌」（林古渓作詞／成田為三作曲）の指導スキルを紹介します。

1 「赤とんぼ」 詩と旋律が一体となった名曲

(1) 詩をじっくり味わいましょう

大正10年につくられた詩ですが，日本人の心に深く染み渡っている素晴らしい詩です。是非，縦書きの詩で１番から４番までじっくりと黙読や朗読を取り入れましょう。詩には時間の流れや作者の楽しくも切ない気持ちが溶け込んでいます。詩を読んで感じたことを話し合ってほしいと思います。誤って「負われてみたのは」を「赤とんぼに追いかけられた」，「ねえや」を「お姉さん」などと捉えてしまう生徒もいますので，正しく読み取りをしてください。

１番から４番まで「現在→回想（楽しい）→回想（切ない）→現在」という流れになっていることも意識しましょう。３番の「ねえや」は幼い露風の子守娘ですが，十五で嫁に行くということは，もっと小さい頃から露風の家に働きに来ていたことになります。そのような歴史を調べてみることも興味深いと思います。

(2) まるで詩を朗読しているような旋律を味わいましょう

何度も詩を朗読していると，自然と旋律がついてくるような感じになります。詩の抑揚と旋律の流れが見事に一致しています。「夕やけ小やけの赤とんぼ」の「赤とんぼ」は「あ」から下がって「か」になっています。普通は「あ」より「か」のほうが上がるのですが，前者の抑揚は「江戸っ子弁」だと耕筰は述べています。そこまで言葉と音楽を一致させたのですね。

この旋律はファとシが出てこない五音音階（ヨナ抜き長音階）でできています。童謡をつくるなどの学習に関連付けることも可能です。

2 「浜辺の歌」　8分の6拍子の流れるような美しい名曲

(1)　流れるような美しい旋律を味わいましょう

何と言ってもこの曲の魅力は8分の6拍子の流れるような美しい旋律です。拍子の特徴を理解して，そのなめらかな曲調を味わうことができます。2つ振りの指揮をしながら歌うことも効果的です。

(2)　二部形式A（aa'）B（ba'）の構成を理解しましょう

aとa'の違い，aやa'とbの違いに気付かせましょう。AとBの対照的な旋律を意識することでどのように歌ったら表現できるかを考えられます。グループで話し合い，意見交換することも効果的です。その結果，フレーズや強弱の変化に気付き，歌唱表現を工夫しようとする意欲が増してきます。

(3)　歌詞の内容や情景を感じ取り，その情緒を味わいましょう

縦書きの歌詞で声を出して朗読しましょう。何度も読むうちに情景や心情が感じられるようになります。難しい言葉もありますので，正しい言葉の意味を理解できるようにします。そして，日本語の美しさを感じ取ることができるように発音に留意しましょう。特に子音（カ行，サ行，ハ行）の発音に気を付けるとともに，2番の「かげ」の「げ」を鼻濁音で歌えるようにしましょう。

(4)　流れる波のような伴奏の美しさを味わいましょう

是非，ピアノ伴奏だけをじっくり鑑賞させましょう。寄せては返す波の情景が見事に表現されています。伴奏に合わせ，指揮をするなど身体を動かす活動も曲想を感じ取ることができ，効果的です。

（太宰信也）

歌唱

28

歌唱共通教材指導スキル
その２（早春賦，夏の思い出，花の街）

中学校の歌唱共通教材は７曲あります。学習指導要領で各学年において１曲以上歌うことが示されています。ここでは「早春賦」（吉丸一昌作詞／中田章作曲），「夏の思い出」（江間章子作詞／中田喜直作曲），「花の街」（江間章子作詞／團伊玖磨作曲）の指導スキルを紹介します。

1 「早春賦」 美しい日本の四季を感じられる名曲

(1) 春を待ち望む信州の人々の心情を味わいましょう

縦書きの詩を何度も声に出して読みましょう。感情を込めて朗読しているとすぐそこまできている春を待ちわびる人々の気持ちを感じるようになります。文語調の美しい日本語が美しい信州の自然を感じ取らせてくれます。

(2) 流れるような旋律を味わいましょう

二部形式を理解して，形式を生かした音楽表現を工夫しましょう。旋律と強弱記号の関連を考えましょう。旋律が上行するとクレシェンド，下行するとデクレシェンドしている様や最後のフレーズが **pp** になっている理由をテーマにして，グループで話し合い，表現を深めていくと効果的です。

2 「夏の思い出」 なめらかな旋律の美しい名曲

(1) となり同士の音がつながった旋律のなめらかさを味わいましょう

順次進行による旋律の美しさに気付かせてください。二部形式（AB）のやさしいA部が始まり，B部で音が高くなって盛り上がり，再度やさしく落ち着きますが，最後の部分では，視線がはるか遠くに向くような跳躍音程を含む旋律の魅力を味わわせてください。

１，２段目が８分休符で旋律が始まることに対して，４段目は１拍目から始まることに気付かせ，どんな感じがするかをグループで話し合いをもつことで表現に深さが増してきます。また，３連符の効果も考えてみると面白い

です。

⑵　**伴奏の形や響きの変化を味わいましょう**

　４段とも伴奏の形が全て違うことに気付かせてください。旋律が同じでも伴奏が変化することで，その表情や味わいが変わることに気付かせましょう。どのような感じがするかをグループで話し合わせることで，感じたことを言葉で表すことができるようになります。

3　「花の街」　灰色の世界から美しい色彩が感じられる名曲

⑴　**縦書きの歌詞を何度も朗読し，情景を思い浮かべましょう**

　縦書きの歌詞で声を出して何度も朗読して，色彩豊かな景色を思い浮かべてみましょう。そして作詞者の言葉を読んで，実はこの詩は戦争で一面焼け野原となって，灰色一色の街を見て書いたものであることを知ることで，より一層，美しい色彩の景色が見えてきます。「輪になって」が繰り返されることや３番の歌詞の最後の言葉の意味を話し合ってみましょう。

⑵　**８分休符の効果を感じ取りましょう**

　フレーズの開始が８分休符になっているところがあることに気付かせましょう。８分休符に込められた，想いの深さ，エネルギーの強さを感じて歌うとさらに豊かな表現になります。

⑶　**言葉と旋律の高揚感が一致していることに気付かせましょう**

　各フレーズの音の動きや強弱などをグループで話し合って，歌い方を工夫しましょう。特に第３から第４フレーズの気持ちの高揚をピアノ伴奏の変化とともに感じ取れるようにしましょう。

（太宰信也）

29

歌唱共通教材指導スキル
その３（花，荒城の月）

中学校の歌唱共通教材は７曲あります。学習指導要領で各学年において１曲以上歌うことが示されています。ここでは「花」（武島羽衣作詞／滝廉太郎作曲），「荒城の月」（土井晩翠作詞／滝廉太郎作曲）の指導スキルを紹介します。

1 「花」美しい春の隅田川の情景を思い浮かべられる名曲

(1) 当時の美しい隅田川にタイムスリップしてみましょう

多くの人が知っている歌だと思いますが，曲名を「春」という生徒は少なくありません。CD や先生自らの弾き歌いによって，是非生徒に聴かせましょう。そして，どんな感想をもったかを生徒に尋ねてみましょう。ポイントを絞らず，あえて自由に発言させてみると面白いです。次に縦書きの歌詞で何度も黙読や朗読をしましょう。生徒にとって難しい言葉が多くありますので教科書の解説でしっかりと情景をイメージさせてください。

現代と当時（明治時代）の隅田川の写真や映像を見せると大変効果的です。詩の理解ができた時に，もう一度朗読しましょう。当時の情景を想像しながら生き生きと朗読すると思います。また，この曲は「花」が単独ではなく，組歌「四季」の春の歌で当初は「花盛り」であったことや「納涼」「月」「雪」と続くことを教え，是非聴かせてあげてください。

(2) 言葉とリズムが一体となった旋律の美しい響きを味わいましょう

16分休符や付点16分音符の効果を歌いながら確認しましょう。それらのあるとなしで何が違うのかを意見交換してください。また１番から３番まで同じような旋律ですが，皆違いがあることにも気付かせてください。日本初の合唱曲であることを伝え，上声部，下声部とも歌えるようにしましょう。大勢でも２人でもハーモニーを楽しめるようになります。

2 「荒城の月」 滝廉太郎の想いのこもった名曲

(1) 日本の西洋音楽の創世記につくられた歌の美しさを感じ取りましょう

　文語体で七五調の歌詞を何度も読んでみましょう。意味が分からなくても詩のリズムの心地よさを味わわせてください。その後，歌詞の意味を調べてみて栄枯盛衰の雰囲気を感じ取れると深い表現につながります。生徒に今の自分の生活にこの詩を置き換えさせてみると面白いです。例えば，盛り上がった体育祭終了後の静けさに包まれたグラウンド，クラスのみんなが下校して，静まり返った教室などです。１・２番と３・４番の歌詞の違い，特に４番の「ああ荒城の夜半の月」の歌詞を感じ取らせてください。

　二部形式の流れるような旋律で，フレーズと強弱の関連やまとまりを感じ取ることができ，表現を工夫することができます。歌う時は，子音や鼻濁音など，日本語の美しい発音を意識させましょう。

(2) 滝廉太郎の生涯とその功績を知りましょう

　日本の西洋音楽の創成期を代表する作曲家です。東京音楽学校（現在の東京芸術大学）に入学して猛勉強をします。当時の歌は外国の曲に日本語の歌詞を付けたものが多かったのです。廉太郎は留学を延期してまでも日本人の手による歌をつくることに情熱を傾けました。そこで完成したのが「荒城の月」です。その後ドイツに留学しますが，２ヶ月足らずで病気になり23才の若さで亡くなりました。その間に作曲した名曲は今でも歌い継がれています。遺作のピアノ曲「憾」を聴かせ，その楽譜に「ドクター，ドクター」と書き込んだ廉太郎の思いを感じ取らせてください。

　山田耕筰による補作も存在しています。楽譜の違い，特に原曲の２小節目の音との違いによって，どんなイメージの違いがあるかを話し合わせても興味が深まり，意欲が高まります。

（太宰信也）

30

効果的な発声指導スキル

　生徒がどのように歌うかについて思いや意図をもつ過程を大切にして，曲にふさわしい表現で歌うために必要な発声，言葉の発音，身体の使い方などの技能を身に付けて歌うことができるように指導しましょう。演奏活動の出来栄えに注力しすぎた発声指導等，技能を教え込むような授業に陥らないようにしましょう。

1 知識や技能を得たり生かしたりしながら，創意工夫しましょう

　発声等の技能については，すでに習得している知識や技能を生かして高めていくように手立てしましょう。例えば，これまで身に付けてきた歌い方，声の音色と曲種に応じた発声との関わり等，理解してきたことを振り返らせた上で取り組むようにします。タブレットがあれば，授業時の歌声を記録しておいて，成長を確認しながら学んでいくことも得策でしょう。また，歌唱表現は，発声，言葉の発音，身体の使い方などの技能が関わり合うとともに，どのように歌いたいかを創意工夫する中で，曲にふさわしい表現へと高まっていきます。発声のみを取り出して指導することもありますが，例えば，生徒が「未来への思いが広がるようにたっぷりと歌いたい」という思いや意図をもったとき，そのフレーズを表現するには，声の音色や響きとともに強弱表現に伴った呼吸の仕方など複数の技能を関わらせて歌うことになります。生徒が，創意工夫と複数の技能との関わりなどを楽譜に書き込むなどして，表現力を高めていくことも大切です。

2 言葉かけを工夫して楽しく発声指導をしましょう

　生徒たちに発声などの方法を難しく伝えてもうまくいきません。間接的に教師が意図する方向に導くための言葉かけの工夫が大切です。

(1) 口の開け方について

　「口をしっかり開けて」など言葉かけすると顎や胸などに力が入ってしま

います。そこで次のような言葉かけをします。「上と下の奥歯をやわらかく離して耳たぶを膨らませてごらん」または輪ゴムを使うことも有効です。輪ゴムの開きとともに軟口蓋を柔らかく上げ、響きを意識して発声します。

(2) 身体の使い方について

　姿勢や呼吸の仕方は発声と連動していますので，生徒が無理のない発声で歌えるように身体の使い方の感覚を体験させるなどして導いていきましょう。例えば，自然な立位で「腰から上を柔らかくして，ハイ！　すとん」，前屈状態から「鼻からゆっくりと美味しいにおいを吸いながら」，「腰からしなやかに草花が起き上がるように」，そして，起き上がって発声します。下半身の安定を求める際に「ひざの皿をキュッと上げて」等のアドバイスも効果的だと思います。

(3) 我が国の伝統的な歌唱　民謡，長唄など

　民謡や長唄などにおいては，言葉の発音や節回しなどを歌い試しながら発声を学べるようにしましょう。例えば，民謡では，その地方の方言を体験して入るのも楽しいものです。長唄で正座をする時は，へそのあたりを軽く突き出し，へそ下（丹田）に軽く力を入れます。

抑揚については「聴きながら指で描いて」と声かけして特徴を捉えさせると効果的です。また，簡単な三味線の実演とともに，例えば，「うさぎ」を歌い，三味線の音色や拍を「表拍に入れた時」と「裏拍に入れた時」の違いを感じ取らせましょう。拍のずれや唄の音程と三味線の音程の不即不離，「つかずはなれず」は長唄の妙味であり，発声とも深く関係します。

（上野正直）

31

合唱指導のスキル

合唱の技能に関しては中学校学習指導要領音楽の歌唱における指導事項ウ(イ)に「創意工夫を生かし，全体の響きや各声部の声などを聴きながら他者と合わせて歌う技能」と示されています。聴きながら，という文言が入っていることを意識した指導を大切にしましょう。

1 ハーモニーを体感させましょう

まずは，曲を聴いたり，歌ったりしながら，楽譜とともに雰囲気や表情，味わいなどが，どのような音楽の構造や歌詞の内容によって，生み出されているかを捉えていくことが大切です。その上でいくつかの特徴的なハーモニーの部分を取り出して歌いながら響きを感じていきます。場所は残響のある廊下等がよいでしょう。ソプラノは主旋律を担うなど歌いやすく，また，高音をしっかり出そうとして強く歌おうとします。そこで，低音の支えを聴きながら，ハーモニーに声を添えるように留意させましょう。低声は「暖かい響きで包み込むように」，高声は「空から光がキラキラと降り注ぐように」等と声かけをすると効果的です。アルト等，内声についてはその役割の楽しさを理解させておくとよいでしょう。内声が入った場合と無い場合，内声の音が違う場合の変化等を聴き比べる等，体感させてみましょう。

2 他者と合わせて歌う技能を磨きましょう

「聴きながら」歌うことは難しさもありますが，他の声部を意識することが大切ですので，最初からパートで分けず，全ての声部を歌い，各声部の役割を理解させましょう。そうすることで，他の声部を意識して聴きながら歌うようになります。他の声部との関わりには，和声やリズム，旋律の受け渡しなどがあります。「主旋律を担っている」「リズムを刻んでいる」などの役割を理解しながら，ふさわしい歌い方を工夫します。曲の選択も重要です。

小曲のア・カペラ曲などがよいでしょう。

(1) 音色について

　それぞれの声部の音色等が織りなすことが合唱の楽しさです。声が溶け合うことが大切です。そのためには柔らかい発声が必要となります，例えば，軽く口を閉じた感じで鼻腔に響かせた m のハミングで各パートを歌います。次に口を開けても，音色が変わらないように指示します。そして，歌詞に沿った母音唱を行います。「歌え　声高らかにー」と歌う場合「U－AE OEAAAAIー」と歌います。各パートをユニゾンで母音の響きを揃えてから合唱すると声が溶け合い，豊かな響きの合唱となります。

(2) ブレスについて

　目一杯息を吸って歌い出すことで，他者とタイミングが揃わず，粗野な声になり音色も溶け込まない生徒がいます。例えば，ノンブレスで歌い出すと丁寧になり，縦も揃います。テンポに合ったブレスの仕方で縦を揃えることも大切です。テンポを意識しながら息を深く吸ったり，スッとブレスしながら出だしを揃えたりすることを意識させましょう。

(3) 合唱の際の並びを工夫しましょう

　パートごとの練習では円になり互いのブレスを揃えつつ，音色を聴きながら溶け込ませるようにします。その際，手をつなぐと一体感が出ます。他のパートと合わせる際もまずは各パート円になって取り組むとよいでしょう。クラスを2又は3分割の編成で合唱を組み，聴き比べることも効果的です。パートごとに歌えるようになったら，ソプラノ，アルト，男声が1人ずつ交互に並んで歌うと，負荷もあり，より他者の声や声部との重なりやつながりを意識して聴きながら歌うようになります。

（上野正直）

32

変声期の生徒への指導スキル

変声期の指導については，中学校学習指導要領音楽において，「イ　変声期及び変声前後の声の変化について気付かせ，変声期の生徒を含む全ての生徒の心理的な面についても配慮するとともに，変声期の生徒については適切な声域と声量によって歌わせるようにすること」と示されています。性別に関わらず経験する変声とその前後の生徒に対して配慮し丁寧な指導をすることが求められています。

1　声の成長を確認させながら指導しましょう

小学校学習指導要領においても，「ウ　変声以前から自分の声の特徴に関心をもたせるとともに，変声期の児童に対して適切に配慮すること」と示されています。

多くの生徒は小学校高学年から変声期を迎えます。初めに小学校での学びを振り返らせて，自然で無理のない発声を意識しながら歌うことが，声帯に無理がないことを伝えましょう。女子で変声に気付かずに心理的に悩む生徒もいます。部活動などで無理に声を出すと，嗄声（させい）等のトラブルにつながる等，変声についての理解をさせましょう。現在の自分の声の状態を記録させることも効果的です。変声は成長の過程であること，声に個性があることに気付きながら変声に伴う恥ずかしさや不安などをもつことがないように指導しましょう。

2　変声の状況に応じて指導しましょう

中学生の時期は変声前，変声中，変声が終わりに近づいている生徒が混在します。それぞれに応じて対応していきましょう。

(1)　歌える音域から指導していきましょう

変声により1オクターヴ低い声で歌ったり，音高が取れず旋律を歌えなかったりする生徒がいます。これらの生徒に対しては，まず自分が出せる音を柔らかく発声させ，その音から歌える音域を広げていきながら無理なく歌う

ようにします。その際，先生も同じ音高で歌い導いたり，仲間と一緒に取り組ませたりしましょう。同じパートの生徒がうまく歌えるようになると，「じゃあ私も」という気持ちになり，意欲が高まります。その際，次に示している楽譜の旋律を母音唱や移動ド唱法で歌うことも1つの方法です。教師も歌いながらコード伴奏で進めます。無理のない音域で始め，生徒に合わせて移調するなどして取り組みましょう。また，生徒たちになじみのある旋律を移調しながら歌うことも効果的です。

　変声前期の男子で，高音で歌っている生徒に対しては，教師や仲間と一緒に，だんだんと高音から低音に下がりながら歌い，変声が落ち着いた声の響きへと導いていくと，男声の音高や響きをつかめるようになります。

(2)　合唱指導の際にも変声に留意しましょう

　変声の状態に適した歌いやすい音域やパートで取り組ませます。男子はSopやAltに入りたがりません。そのときは，あえて，Tenと呼んでSopパートで活躍させることも考えられます。歌いやすい音域のパートを渡らせてもいいでしょう。「リベロ」と呼んで「なんか，かっこいい」という雰囲気で取り組ませることも一案です。女子は，教師側がSopかAltかを決めずに両方を経験させることも大切です。変声期の女子は響かない音域が出てきます。出しにくい音については柔らかい発声で胸や鼻腔の響きも大切にさせます。生徒にとってよく響く音の高さから歌い始め，頭声へとつなげたり，逆に頭声から胸声へとつなげたりするとよいでしょう。男子も変声が落ち着いてきたら，TenもBassも経験させます。音域や声の特徴について理解し，自分の声の成長に気付きながら楽しく歌うことを大切にしましょう。

（上野正直）

33

音の取りにくい生徒への指導スキル

音が取りにくい生徒の多くは，歌うことに対して自信がなく，授業に対しても意欲をもてない状況で，自身がつらい思いをしていますので，心理面のサポートが大切です。また，変声期及び変声前後の声の変化など身体的な要因も男女問わずにあります。心理面，身体面に留意しながら指導しましょう。

1 音楽活動の楽しさを体験できるようにしましょう

筆者の経験では，「赤とんぼ」を歌う授業で，このように歌いたいという思いや意図を譜面に書き，小さい声ながらもそれを歌で表現した1年生がいました。「工夫があって素敵だよ」と伝えました。歌唱の学習は技能面だけを学ぶのではありません。曲想と音楽の構造や歌詞の内容との関わりを理解したり，どのように歌ったらいいかを考えたり，思いや意図をもったりするといった「知識」や「思考力，判断力，表現力等」に関する資質・能力を育む学びも大切にしましょう。さらに「もっと歌ってみたいな」といった学びに向かう意欲にもつなげていきましょう。前述した生徒は改めて3年生で「赤とんぼ」を歌ったとき，思いや意図も深まり，表情豊かに歌っていました。共通教材は学年ごとに1曲以上取り扱いますが，成長に応じて，振り返って取り扱うことで生徒自身も成長を実感できます。また，どの学年で取り扱うかについても大切な視点です。

2 手立てを変えながら指導しましょう

音の取りにくい生徒へは，次のような手立てを取り入れることが考えられます。なお，生徒それぞれの身体的な特徴に十分配慮して指導することが大切であることは言うまでもありません。

(1) まずは少しでも声を出しましょう

「声を出しましょう」と言っても，今まで出してない生徒は簡単にはいき

ません。生徒全員に「男子も女子も音が取れないのは，変声期だからしょうがない，個人差もあります」と話して，「歌うのが苦手でも曲を好きになることが大事です」と，歌に対する心持ちを変えていきます。少しでも声を出せるようになると，音を取るための手立てを講じることができます。

(2) **聴きながら音を取りましょう**

生徒の音域に合わせて移調することがとても大切です。2度下げるよりも3度程度下げるほうがヒットすることが多いです。それでも音を取れない生徒もいますので，自分が出しやすい音を発声させ，教師の声とともに，その音から音域を広げます。広げる際にハミングで音高に沿って，鼻腔からおでこへと響きを当てる位置を意識させましょう。また，自分の声を聴きながら歌う機会をつくります。大きな声でなく，柔らかい歌声で耳に手を当てて，聴きながら音を取ります。タブレット等に録音したり，教科書QRコードで曲を聴いたりしながら歌う機会を増やすことも効果的でしょう。移調アプリも面白いです。

(3) **体を使って歌ってみましょう**

意欲がありすぎて，体に力が入り，思いきりブレスして顔も上がって音程も発声も乱れてしまう生徒もいます。この対処は前述の「効果的な発声指導スキル」（P74）を参考にしてください。音高の動きを手で示しながら歌うハンドサインを取り入れてみることも面白いでしょう。また，リズムが取れないことが原因で音高を外す生徒もいます。手拍子などで拍を意識することやリズムを口ずさんでから歌うことが効果的です。今一つ音高が定まらない場合は片足で立って，つま先に視線を集めさせます。一点に集めることで音が定まることもあります。

ハンドサインなど体を使って音を取ることは，音楽自体を感性で捉え，音楽の構造を理解したり表現力を高めたりすることにもつながります。

（上野正直）

34

歌唱の学習が充実する
ワークシート作成スキル

音楽科の学習におけるワークシートは，学習のねらいに基づき，曲想と音楽の構造との関わり等の理解，思考・判断・表現等の学習を整理し，資料提示や評価までをデザインできます。歌唱の授業では，歌唱に関わる学習の流れに沿って，深い学びにつながるようなワークシートをつくりましょう。

1 歌唱のワークシートに盛り込みたい内容

(1) 歌唱活動につながる基礎となる事柄

　ワークシートの内容は，授業の進め方によって変わります。例えば，ワークシート中心に進めたい場合は，「作詞者・作曲者」「楽曲の時代や背景」「歌詞の内容や言葉の意味」「音楽用語・音楽記号」「楽曲の構造」「発声・発音」等を盛り込むことが考えられます。教科書を活用して進める場合は，ワークシートの情報量を精選します。また，また，題材の終盤に演奏を評価する際は，評価のポイント等も明記します。（P85に評価規準を踏まえた評価のポイントを例示しました）

(2) 歌唱表現の創意工夫を適切に見取るための問いかけと記入欄

　歌唱の思考・判断・表現である音楽表現の創意工夫を見取るためには，ワークシートが欠かせません。まず，音楽を形づくっている要素や要素同士の関連を知覚・感受する問いかけをします。次に，知覚したことと感受したことの関わりについて考えながら，曲にふさわしい歌唱表現として「どのように歌いたいのか」を生徒が適切に書き表せるようにします。その際，楽譜を掲載することが大切です。楽譜の中のある箇所を指して「ここの場面で自分のパートはこのような役割だから自分はこう歌いたい」と説明できるようにするために，曲の一部分を取り出して扱うことも考えられます。教師の指導の流れや意図に合わせて「楽譜を抜粋する」「楽譜を比較する」「ひらがなにした縦書きの歌詞を載せる」などの工夫は，お手製のワークシートならでは

のよさです。ただ楽しく歌うだけで終わることなく，それをどう学びにつなげるか，教師の思いや意図をワークシートに表してみましょう。

2　歌唱活動を「学び」につなげるワークシートのつくり方

作成例として，歌唱共通教材の「赤とんぼ」を歌う学習のワークシートを4つのSTEPでつくってみます。

STEP1　指導事項と学習内容の設定

何を学習するのかを明確にします。ここでは，新学習指導要領の指導内容（第1学年）より A 表現：歌唱のア，イ(ア)，ウ(ア)を選び，〔共通事項〕から旋律と強弱の働きの知覚・感受及びそれらに関わる用語や記号について，歌唱活動を通した学習を設定します。これらを踏まえて，学習内容を，①「赤とんぼ」の旋律と強弱の変化との関わりを聴き取り，② 曲想と歌詞の内容との関わりを感じ取りながら捉え，③ ①②の知覚・感受をもとに自分なりの思いや意図をもって，『赤とんぼ』の曲想を捉えた歌唱表現をすることにしました。

STEP2
教材曲の楽譜から特に取り扱いたい部分を抜き出し，その後の学習の流れが分かるようレイアウト

STEP3
思考・判断・表現の学習活動として知覚・感受を思いや意図につなげる問いかけを設定

STEP4
教材曲の理解を深め，歌唱表現につなげるための補足資料を授業のねらいに沿って掲載

（中内悠介）

35

歌唱演奏発表時の指導スキル

　歌の演奏発表（実技テスト）が歌嫌いを生むとも言われるほど，ともすると生徒にとっては負荷の高い＝いやなことになりがちです。生徒にとって「みんなに歌を発表してよかった」と，有意義な活動時間として位置付けることができるかが大切です。

1　意欲と目標をもった演奏発表をするために

(1)　演奏発表は何のために行うか

　クラス内の「演奏発表」は，音楽を通して自分を表現したり，互いの演奏を聴き合ったりする重要な音楽活動の場であるとともに，クラスへの所属感や一体感を味わうという，学校教育的に重要な意味もあります。これらを実現するために，音楽の授業では１年生の時から人前で演奏する機会を積極的に設けましょう。聴く時のルール（真剣に発表する友達を笑わない，友達のよいところを探して認め合い，互いに成長できるクラスにする等）を徹底し，人前で演奏する機会を「学習成果を発表する」というスタンスにし，生徒の意識をテストから「演奏発表」へとシフトさせることが大切です。

(2)　評価するポイントを明確に

　歌唱表現の技能評価は，単に上手に歌う力を見取るものではありません。

　題材におけるそれまでの学習を通して，自分の思いや意図に基づいて創意工夫した音楽表現が，どの程度「演奏として」表現できているかを見取ります。ワークシートには「この部分は○○となっていて，自分は△△のように感じるから，◇◇となるように，□□な歌い方の工夫をして歌いたい」のようなことが書けるよう指導します。生徒には，「みんなが工夫したいポイントがどの程度，音として，演奏として実現できているのかを評価します」と伝えます。そのため，演奏発表する歌唱部分を限定します。例えば，共通教材の「赤とんぼ」であれば「１番のみを創意工夫して歌う」等です。演奏形態は独唱，発表

時間は1人30〜40秒程度となり，1時間以内で全員発表できます。

2 　歌唱の演奏発表の評価について

　評価の観点「知識・技能」「思考・判断・表現」「主体的に学習に取り組む態度」のうち「知識」以外は，この「演奏発表」を評価方法の1つに設定して，日頃の学習活動の「観察」や「ワークシート」などと組み合わせて評価することが考えられます。この中でも「演奏発表」は「技能」の状況を把握することに適しています。そこで，ここでは合唱（6人程度のグループ）の発表を例に示します。

　●評価規準：創意工夫を生かし，全体の響きや各声部の声などを聴きながら他者と合わせて歌う技能を身に付け，歌唱（合唱）で表している。【技能】
　●演奏発表：評価の具体

演奏発表　あらかじめ生徒に示す「評価のポイント」
・自分自身の声部の音高やリズムを正確に歌う
・同じ声部の他の人の声や，他の声部の声などとの重なりやつながりを意識しながら歌う

　評価規準のように歌うことができる技能を身に付けていれば，おおむね満足（B）とします。より質的に高い技能を身に付けていれば，十分満足（A）と判断します。なお，努力を要する（C）と判断した生徒には，演奏発表から学習内容に関することを教師が価値付けして伝え，次の学習に生かすことができるよう個人内評価を充実して支援します。これらの評価を行うために，演奏発表は録音・録画しておくことも大切です。

　なお，年間指導計画に基づき，演奏発表をいつ行うかをあらかじめ示すとよいでしょう。その際，器楽の発表なども含めて生徒にとって無理のない計画であること，また，校歌や歌曲の独唱，合唱，外国の歌，我が国や郷土の伝統音楽等，様々な演奏形態やジャンルを扱うようにすることが大切です。

（中内悠介）

36

生徒が器楽に意欲的になるスキル

器楽は生徒の技能の差が大きく出る分野です。生徒の意欲が損なわれないようにきめ細かい配慮が必要です。技能の差に関係なく楽しめる器楽指導，差があっても楽しめる器楽指導を考えていきましょう。技能を高めることも大切なことですが，まずは楽しいと思わせることが一番です。

1 技能の差に関係なく楽しめる器楽指導

(1) 身近にあるものを楽器に

　塩化ビニル管でつくった笛や尺八を吹く，空き缶やポリバケツを並べて叩く，水を入れた空き瓶で音階をつくる，水を入れたコップをこすったり，叩いたりする。歌舞伎の見得のときに鳴るツケ打ちを割り箸でまねてみる等々，音が出るものを探して楽器にします。これらは決まった奏法があるわけではないので，誰もが同じスタートラインに立てます。鳴り物を探す作業も楽しいです。

(2) リコーダーの頭部管

　アルトリコーダーの頭部管でできるだけ多くの音を出させてみてください。息の吹き込み方，指や手の使い方を工夫させます。そのうち生徒は，いろいろな音色や奏法を見つけます。これにリズムを加えていくと，不思議な現代音楽っぽくなり，生徒は面白がって取り組みます。そんな遊びの後に中部管，足部管を組み立てて練習に入るとよいでしょう。

(3) ギターのオープンチューニング

　ギターというとクラシックギターを指導する場合が多いのですが，生徒にとって身近なギターはコードをかき鳴らしながら歌うことです。しかしコードを押さえることが難しいので，6本の弦をすべてドミソにしてしまいます。指で6本同時に押さえ，開放弦がコードC，5フレットがF，7フレットがGになり，それなりに演奏を楽しむことができます。

⑷　リコーダー合奏での工夫

　リコーダーは小学校から学んでいるため，得手不得意の差が大きくなりがちです。基礎練習を丁寧に行い援助していきますが，合奏では不得意な生徒にオリジナルの楽譜を用意しましょう。例えば根音を長く伸ばす簡単なパートです。生徒には「とても重要なパートで，合奏の土台となるもの」と話してください。決して「できないから仲間はずれにされている」という感覚をもたせてはいけません。生徒自らが合奏に立派に参加しているという実感をもつことが大切です。

⑸　即興で演歌を演奏する

　木琴の黒鍵部はいわゆるヨナ抜き音階で並んでいます。そこを自由に叩いていると演歌っぽく聴こえてくるから不思議です。可能であれば，中山晋平作曲の「砂山」のピアノ伴奏を弾いて，それに合わせて叩かせるとさらに本格的になります。この活動は創作にもつながるものです。木琴の周りに集まり，マレットをバトン代わりにして，途切れることなく１人ずつ順番に１フレーズずつ演奏します。心地よい緊張感の中，生徒は楽しんで取り組みます。今まであまり興味を示さなかった生徒が，ピアノの黒鍵部で演歌らしい曲を弾いて遊び始めることもあります。

⑹　和楽器は実物に触ることで興味がわく

　和楽器は中学校３年間で１種類以上扱うこととされています。しかし生徒にとってはあまり身近な楽器とは感じられていないのが現状です。ぜひ実際に本物の楽器に触らせましょう。数多く揃えている学校は少ないと思います。近隣の学校等からお借りして，少なくとも２人に１台は用意しましょう。２人でワイワイ取り組む方が１人１台より，お互いを見てアドバイスをし合いながら学べるという点で効果的です。教師も上手でなくてもいいので一生懸命練習し範奏をしましょう。専門家をゲストティーチャーとして招いて，生徒が生演奏を聴く機会を積極的に設定すると生徒がとても意欲的になります。また，口唱歌を上手に用いれば，生徒は興味をもち楽しく学ぶことができます。

（太宰信也）

37

楽器の指導スキル　その１（リコーダー）

リコーダーを指導する際，技能面で生徒に適した教材曲を選びましょう。中学校学習指導要領では，技能は「創意工夫を生かした表現で演奏するために必要な…」と示されています。生徒の成長を望むあまり「上手な演奏」や「より高度な曲の演奏」のみを指導の目的としないように心がけることが大切です。

1　リコーダーの魅力を積極的に伝えましょう

リコーダーが主役で，その繊細な表現力を味わえる曲を聴く学習を取り入れましょう。J.S. バッハ作曲のカンタータ「神の時こそいと良き時（BWV106）」などはどうでしょうか。第１曲のソナティーナは曲の長さも適当で，穏やかで上品な音色など，リコーダーがもつ魅力を十分に伝えてくれます。

リコーダーへの意欲が高まったところで，難しすぎず，効果的な曲を教材として用いましょう。河西保郎作・編曲の「Air」「ちょうちょによる変奏曲」は，演奏にドからソまでしか使いませんが，限られた音のみでも取り組みがいのある曲になっています。

2　「息」を全て使わないことを伝えましょう

「息」を100％吐き，100％吸うとどうなるでしょうか。「息」は強すぎてコントロールすることが難しく，フレーズの末尾は余裕がなくなって雑になり，何よりも疲れてしまいます。生徒個々の実態や曲の特徴にもよりますが，6割，7割の息で演奏するのがよいでしょう。

生徒の発達段階に照らして，適度な長さの音符でつくられていたり，1つのフレーズが長すぎない曲を用いたりするなどの工夫をしましょう。

3 「音の高さによる息の使い方」の伝え方を工夫しましょう

リコーダーを高音域から低音域まで安定した音で演奏するには，何よりも「息の強さ」をコントロールする必要があります。「強く」「弱く」だけでは理解が難しい生徒のために，言葉のバリエーションを増やすなどの工夫を考えてみましょう。

【言葉の例】

高音域	低音域
涼しい息	温かい息
鋭い息	幅広い息
前に飛ぶ息	奥行のある息
速い息	遅い息
勢いがある息	ゆったりとした息
激しい息	やさしい息

4 音高を確認できるようにしましょう

鍵盤楽器等と違い，リコーダーは自分で音高を調整することができる楽器です。一斉練習だけでは音高に意識を向けることは難しいので，1人で確かめながら吹く時間，2人でお互いの音を比較しながら吹く時間などを取り，音高の違いを自覚したり，違いを合わせようと試行錯誤したりする時間を設けるようにしましょう。

また，チューニングアプリの活用も効果的です。アプリから出る音に合わせようとしたり，出す音がアプリの示すメーターの針に沿うよう工夫したりする中で，息の強さや頭部管の抜き差しなどに留意できるようになります。

（浅田裕）

38

楽器の指導スキル
その2（ギター，ウクレレ）

ギターやウクレレを授業に取り入れ，生徒がコード演奏に親しむきっかけをつくりましょう。ギターやウクレレで伴奏をして，仲間と歌うという生徒の楽しい未来につながるかもしれません。キーワードは，「ギターの高音弦と低音弦」「ウクレレはいきなりコードも OK」「変則チューニングという方法も」です。

1　ギターの高音弦と低音弦に親しんでからコード演奏をしましょう

　初心者でも，無理なくギターを演奏することができる例を紹介します。第1弦，第2弦，第3弦を高音弦，第4弦，第5弦，第6弦を低音弦として，説明します。曲名はあくまで一例です。

①高音弦でハ長調の音階を弾き，「オーラリー（ハ長調）」を演奏できるようにします。

②低音弦でもハ長調の音階を弾き，「オーラリー（ハ長調）」を演奏できるようにします。

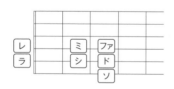

③高音弦と低音弦に慣れたら，p で低音弦1本を，i，m，a で高音弦3本を弾く方法でコード伴奏をします。

CとG7だけでも，「メリーさ
んの羊」「かっこう」などの曲
に伴奏を付けて楽しめます。高
音弦を分散和音にすると曲の味
わいが変わります。ギターのコ

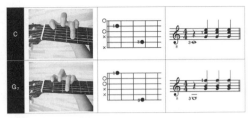

ードでくじけやすいのはセーハという技法が出てくる F のコードですので，
全員が C と G7ができるようにするというねらいの授業がいいでしょう。

2　ウクレレはいきなりコードでも大丈夫です

　ウクレレは，アップストロークでもダウンストロークでも高音から入るの
で，明るい和音が響きます。楽器
が小さいことでコードが押さえや
すいため，いきなりコードの練習
をしても演奏しやすい楽器です。
C，F，G7が弾けると，伴奏でき

ウクレレの調弦

る曲はたいへん多くなります。ハワイの歌の「アロハオエ」は，ハワイの楽
器であるウクレレにぴったりです。試してみて下さい。

3　変則チューニングという方法でギターを楽しく演奏できます

　P86に，器楽に意欲的になる工夫としてギターの開放弦をドミソにする方
法を紹介しています。また，第①弦から第⑥弦に向かってミラララミラミと調
弦すると，完全5度の音程となり，コードの外声だけになるため，メジャー
コードにもマイナーコードにも対応できるパワーコードと言われるコードが
演奏できます。ただし，ドミソにしてもミラララミラミにしてもセーハとい
う方法で演奏をするので，左手の人差し指には少し負担がかかります。

（酒井美恵子）

参考文献　『表現力アップの仕掛けが満載！「創作」成功の授業プラン』今村央子・酒井美恵子
著（明治図書）

39

楽器の指導スキル
その３（ドラム，小物楽器）

　リコーダーや鍵盤楽器で「音楽のノリ」を生み出すにはある程度の技術が必要ですが，打楽器はそこに至る時間が短くて済む楽器と言えます。当世風に言えば「グルーヴ感」でしょうか。リズムに特化している分，音色の違いや，同じ音価の音符にどのような変化を付けるかを工夫させやすいのも打楽器の特徴です。

1 「音色」を大切にする視点をもちましょう

　小学校学習指導要領に「音色や響きに気を付けて，旋律楽器及び打楽器を演奏する技能」とあります。中学校でも打楽器の音色や響きに気を付けて指導しましょう。

　短時間でもいいので，打楽器ならではの「音色」を味わったり工夫したりできる時間をつくることで，生徒が打楽器の魅力に気付き，積極的に演奏しようとする意欲を喚起させることができます。

　この段階では，鉄琴やマリンバなどは避け，例えばスネアドラムやコンガなどのシンプルな楽器がいいでしょう。また，ある程度大きな音（*mf* くらい）で演奏できる楽器を選ぶことにより身体全体から発した力をマレットや腕に伝えていく過程を認識することができ，音色に変化を付ける余地をつくれるようになります。

　打楽器がもつ「音色」の美しさや表現力を味わわせるには鑑賞教材も活用しましょう。C. オルフ作曲「カルミナ・ブラーナ」は，冒頭の厳粛な雰囲気の構築に，打楽器が積極的に関わっている様子がよく理解できます。

2 いろいろな表現を体験できるようにしましょう

　打楽器は演奏がシンプルな分，創意工夫を表現しやすい楽器と言えます。

　例えば，次のような楽器の構成で同じリズムを順に演奏させ，始めに演奏するリーダーの演奏を模倣させます。

① スネアドラム ② トライアングル ③ コンガ ④ クラベス

リズムは右のような簡単なものにします。

ひととおりリズムを模倣できたら，リーダーは演奏に変化を付けます。

【アーティキュレーションの変化】 　　【音量の変化】 　　　　【速度の変化】

　　　　　　　　　　　　　　　　　　　　　　　　Presto！ 　あるいは 　Largo…

生徒は「トライアングルでスタッカートを演奏するには音を意図的に止める必要がある」「クラベスでゆっくり演奏すると余韻が残る」など，それぞれの打楽器の特性を感じ取り，思いや意図をもって表現できる楽器であることを実感できるようになります。

3　利き腕でないほうの手の練習を工夫しましょう

　打楽器の中には，両方の手を均等に使う必要のあるものがあります。利き腕でないほうの手は自然に落とすようにして，待つ時間が長くなるほど，より高い位置から落とすようにします。楽器は使わず，ひざ打ちで十分です。

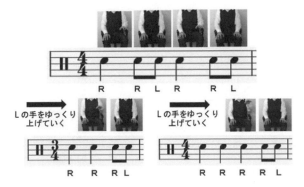

　スムーズにできるようになったら，左右の手を入れ替え，M. ラヴェル作曲「ボレロ」などのリズムに挑戦させましょう。両手を均等に使えるようになると，メリハリのある表現ができるようになります。

（浅田裕）

40

和楽器の指導スキル　その1（箏）

箏の音色に接する機会は多く，生徒たちがその音色に魅力を感じ，取り組みたくなる和楽器の代表と言えるでしょう。ここでは，調弦や奏法，平易なメンテナンス等を覚えて，指導のスキルを身に付けましょう。

1　調子を整えることが大切です

柱を立てて曲に合わせた調子を整えます。基本的な調子は，下の譜例1，2のような音列の平調子です。いずれの調子にしても，正確な音合わせができていないと演奏に支障をきたしますから，調子笛やチューナーを用い，演奏前に13本の弦の音をバランスよく整えることが何より大切です。

一 二 三 四 五 六 七 八 九 十 斗 為 巾

一 二 三 四 五 六 七 八 九 十 斗 為 巾

2　美しい構えや奏法を心がけましょう

右の画像のように，使用する爪（角爪または丸爪）によって演奏する構えが違ってきます。角爪は爪の角，丸爪は爪の先で弾きます。また，爪をはめた親指は，手前の弦から次の弦で止めるようにして弾き，人差し指，中指は，向こう側の弦から手前の弦に向かって弾くのが基本の奏法となります。演奏するときは背筋を伸ばして弾きましょう。左手は弦の上にそっと添えておくようにしましょう。

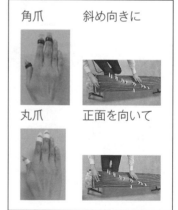

角爪　　　斜め向きに

丸爪　　　正面を向いて

3　箏の楽譜や付属品，メンテナンス等を理解しましょう

　箏の楽譜も様々ですから，生徒の実態に合わせて五線譜や漢数字の縦譜等を選択しましょう（譜例）。1人一面で臨むのが理想的ですが，難しい場合は，一面に対して，2～5人程度が望ましいでしょう。爪は個人持ちが原則ですが，難しい場合，市販のサイズ別の爪を用いて使用後，ノンアルコールの除菌剤等で消毒しておきましょう。箏をほこりや湿気等から守るため，カバーをかけたりケースに入れたりして，竜尾を上にし，立てて保管することが大切です。弦の糸締めや，張り替え等は，専門の業者に相談しましょう。爪輪が摩耗して弾けなくなったときは，爪輪だけを購入して付け替えることも可能ですから，のりや接着剤等を適切に用いて付け替えましょう。

4　デジタルコンテンツを活用しましょう

　基本の奏法を知りたい，教材選択の参考となるような資料を見つけたいなどといった場合，デジタルコンテンツの活用を考えてみましょう。例えば，下記のような Web サイトにアクセスすると，演奏に関する静止画や動画，音声や講習会案内等の情報を閲覧することができ，初心者にも役立つ情報があります。これらを通して独習するヒントが得られたり，研修の機会を見つけたりすることもできるでしょう。

文化デジタルライブラリー　演奏図鑑箏
https://www2.ntj.jac.go.jp/dglib/contents/learn/edc6/
edc_new/html/101_koto_sp.html

公益社団法人 日本三曲協会
https://www.sankyoku.jp/school.php

（宮本憲二）

41

和楽器の指導スキル　その２（三味線）

奏者のエネルギッシュな演奏に魅力を感じ，一度チャレンジしてみたいと思う生徒も多いのが三味線でしょう。ここでは，調弦や奏法，平易なメンテナンス等を覚えて，指導のスキルを身に付けましょう。

1　調子を整えることが大切です

中学校で多く取り組まれるのは細棹の三味線です。調弦の際は，調子笛やチューナーを用い，正確な音合わせをすることが大切です。平らな場所に三味線を置き，二の糸の糸巻きは親指をかけて，一，三の糸の糸巻きは，二の糸巻きを左の腰骨辺りに押し付けて巻くと安定

写真1　写真2

した作業ができます（写真1，2）。代表的な調子は，「本調子」「二上がり」「三下がり」といったものです（譜例）。

本調子　　二上がり　　三下がり

2　美しい構えや奏法を心がけましょう

背筋を伸ばして座り，左手の親指と人差し指に指かけをします（写真3）。

右の太ももにひざゴムを敷き，その上に三味線の胴を置き，少し手前に傾け押さえ込むように安定させます（写真4）。バチを持つときは，人差し指，中指，薬指の3本で握り，小指を反対側から挟み込み，弦を弾くときは，棹の付け根から2.5cm前後の場所をバチでバチ皮を打つようにしましょう。棹は，糸巻きが耳の辺りにくるまで上げ，指かけをした左手で支えます

写真3　　写真4　　写真5

（写真５）。通常，左手の人差し指，中指の爪に糸道をつくり，その道で糸を押さえますが，それが難しいことも考えられるため，最初は指の先辺りで押さえるようにして始めてみてもよいでしょう。また，バチを用いての演奏が困難な場合，つま弾くことも考えられます（写真６）。

写真6

器楽

3　口唱歌（くちしょうが）や勘所（かんどころ）（ポジション）を覚えましょう

　三味線の糸は，手前から一の糸，真ん中が二の糸，一番遠い場所にあるのが三の糸です。左手の指で弦を押さずに音を出すこ

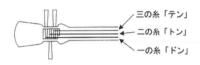

三の糸「テン」
二の糸「トン」
一の糸「ドン」

とを開放弦といいます。横のカタカナは開放弦の口唱歌です。手で糸を押さえて音の高さを変えて演奏します。押さえるときの正しい位置のことを「勘所（ポジション）」といいます。数字がおおよそその勘所の位置です。勘所を押さえて弾く場合は「ツン」や「チン」，はじく場合は「リン」等の口唱歌があります。

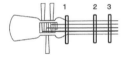

4　三味線の楽譜や付属品，メンテナンス等を理解しましょう

　学校で取り組む場合，楽譜は，五線譜と勘所等を併記しているものが多く使用されています（譜例）。生徒の実態に合わせて楽譜を選択しましょう。

　ほこりや湿気等から三味線を守るため，カバーや専用のケースに入れ，直射日光を避けて湿気の少ない場所に保管します。糸は，絹糸を用いますが，三の糸は細く切れやすいため，ナイロンなどの化学繊維の糸を用いてもよいでしょう。カビ等から楽器や付属品を守るため，胴を除く楽器本体やバチは，演奏後，ビロードのような柔らかい布で，よくから拭きしてから収納しましょう。

（宮本憲二）

42

和楽器の指導スキル　その３（管楽器）

中学校で取り組まれることの多い日本の管楽器は，篠笛や尺八でしょう。ここでは，この２つの楽器の特徴や演奏のポイントなどを捉え，指導のスキルを身に付けましょう。

1　呼吸や息づかいを常に意識しましょう

日本には，たくさんの種類の笛があります。これらは，フルートやリコーダーなどと違い，伝統的にタンギングをせず吹きます。日本の縦笛の代表と言えるのが尺八，横笛の代表と言えるのが篠笛でしょう。演奏の際は，どちらの楽器も「息づかい」「指づかい」「姿勢」が大切になりますから，これらを常に意識しましょう。尺八は，背筋をまっすぐ伸ばし，両脇を軽く閉じ，肩に力が入らないようにして，右手の中指，親指，あごの三箇所で楽器を支え，歌口の先に息をあてるようにして演奏します（図１）。一方，篠笛は，背筋を伸ばし，肩の力を抜いて，楽器をほぼ水平に右横に持ち，唇を左右に少し引き，唇の真ん中に小さな穴を開けた状態で，歌口の淵の少し下へ向けて息を吹き出し，演奏します（図２）。

図1

図2

2　尺八と篠笛の指づかいを理解しましょう

尺八は，表面に４つの指孔，裏面に１つの裏孔があります。楽器を構える時は，右手を上にしても左手を上にしても，どちらで構えても構いません。左手を上にして楽器を持ったとき，右手中指と，親指で一孔，二孔の間を挟んで楽器を支えます。右手の薬指で一孔，人差し指で二孔，左手の薬指で三

孔，人差し指で四孔，親指で五孔を塞ぎます（図3）。一方，篠笛は，左手の人差し指の付け根に楽器を当てて構え，左手の人差し指，中指，薬指の，指の腹で指孔を塞ぎ，右手の小指は指の腹，人差し指と中指，薬指は軽く指を伸ばした状態で指孔を塞ぎます（図4）。

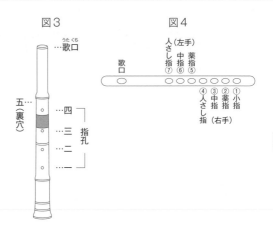

器楽

3 尺八，篠笛の楽譜を理解しましょう

　尺八の楽譜は，様々な記譜法が用いられており，流派によっても書き方は違います。例えば，琴古流では「ロ・ツ・レ・チ・リ」，都山流では「ロ・ツ・レ・チ・ハ」のように，基本的に，運指をカタカナに置き換えて書き表されます。篠笛の楽譜も，いろいろなものがありますが，学校では五線譜の下に漢数字で運指を書いたものが多く用いられます。また，曲へのチャレンジは，4〜8小節程度の「わらべうた」が楽しく取り組めるでしょう。

4 デジタルコンテンツを活用しましょう

　尺八や篠笛の指導について，デジタルコンテンツの活用を考えてみましょう。例えば，下記のようなウェブサイトにアクセスすると，演奏に関する静止画，動画，音声，講習会の案内等の情報を閲覧することができます。これらを通して独習するヒントが得られますし，研修の機会を見つけることも可能でしょう。

公益社団法人　日本尺八連盟　https://www.nissyaku.or.jp/
一般社団法人　日本篠笛協会 http://shinobue.or.jp/

（宮本憲二）

43

和楽器の指導スキル　その４（打楽器）

中学校で取り組まれることの多い日本の打楽器は，和太鼓（長胴太鼓や締太鼓等）でしょう。ここでは，この楽器の特徴や演奏のポイントなどを捉え，指導のスキルを身に付けましょう。

1　基本のリズムや口唱歌を覚えましょう

　和太鼓は，「イチ・ニ，イチ・ニ」といった２拍子のリズムの繰り返しや，「イチ・ニ・サン・シ，イチ・ニ・サン・シ」といった４拍子の繰り返しが多いのが特徴と言えるでしょう。和太鼓の場合，２拍子は，基本のリズムとも言えるものです。最初は「イチ・ニ，イチ・ニ」と数えるうちの「イチ」だけを叩く，「ニ」だけを叩く，「イチ」「ニ」の両方を叩くなど，繰り返し練習して太鼓のリズムに慣れましょう。口唱歌は，太鼓の種類や，低音，高音等，出す音により異なってきます。例えば，低い音は「ドンドコドンドン」や「ドッコドッコ」，高い音は「テンテケ テレテケ」や「テレツクテンテン」等，休符は「スッ」や「ウン」等があり，リズム譜で書き表すと譜例１，２のようになります。上段を右手，下段を左手で打ちます。

譜例１　ドン ドコドンドン　ドン ドコドンドン　譜例２　テン テケ テレテケ　テレ テケ テレ テケ

2　美しい構えや奏法を心がけましょう

　右ページの画像のようにバチの３分の１ぐらいの場所を，親指と人差し指で持ちます。残りの中指，薬指，小指は軽く添えるようにして握ります。あまり深く握りしめず，指の腹で持ちましょう。叩く時は例えば，「てこの原理」をイメージしてバチを動かします。太鼓との距離を適度に保ち，立ち位

置を決めます。腕を軽く曲げた時，太鼓の面の中心
あたりを叩ける位置が適切でしょう。近すぎては大
きな動きが取れず，遠すぎても腕が張ってしまいま
すから，ある程度ゆとりをもって立ち位置を決める
必要があります。

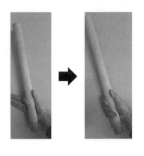

3　太鼓の特徴とメンテナンス等を理解しましょう

　和太鼓には多くの種類があり，呼び名も様々で，例えば，長胴太鼓の場合，
鋲打太鼓，櫓太鼓，宮太鼓等です。演奏の際は，櫓台やふせ台等に置いて，
バチで叩くというのが一般的です。バチは，材質や長さ，直径，重さ等，や
はり様々で，軽すぎず，重すぎず，自分に合ったバチを用意しましょう。太
鼓の演奏は，かなりの音量となるため，防音，消音を考えることが大切で，
周囲の理解を得ることも必要です。太鼓が無い場合など，低反発の円座クッ
ションや車のタイヤを活用することも考えられます。タイヤを活用する場合，
硬質ゴムを両面に置き，ガムテープ等を巻き付けると，面を打つことが可能
となります。

4　デジタルコンテンツを活用しましょう

　和太鼓の指導について，デジタルコンテンツの活用を考えてみましょう。
例えば，下記のようなウェブサイトにアクセスすると，演奏に関する静止画，
動画，音声，講習会の案内等の情報を閲覧することができます。これらを通
して独習するヒントが得られますし，研修の機会を見つけることも可能でし
ょう。

公益財団法人日本太鼓財団
https://www.nippon-taiko.or.jp/index.html

（宮本憲二）

44

合奏指導スキル

器楽合奏は，仲間とともに１つの音楽表現をつくっていく学習活動です。この時，どのように表現したいかという生徒それぞれの思いや意図と，仲間と協働することが両立していることが大切です。

1 他の領域・分野の題材で知覚・感受したことを生かしましょう

生徒にとって，仲間と合わせて演奏する技能を習得しながら，自分たちの演奏を客観的に聴いて学習の見通しを立て，創意工夫を生かした音楽表現をつくりあげることは簡単ではありません。そこで，既習の曲の学習を通して聴き取ったり感じ取ったりしたことと結び付けて考えることで，声部の役割や，表現したい音楽のイメージを共有しやすくなります。

この時，〔共通事項〕を要として学習の関連を図るようにすることが大切です。例えば鑑賞の学習で感じ取った曲想と「テクスチュア」との関わりは，合奏で声部の役割を捉えることに生かされます。また，創作の学習でなめらかな「旋律」をつくるために試行錯誤したことは，なめらかな旋律を表現するために必要な技能について，見通しをもつことにつながります。これらを意図的に指導計画に位置付けていくことで，生徒の学習活動が題材のねらいに向かうものになります。

2 実感をもって理解する声部の役割と全体の響き

器楽合奏の学習活動で最も大切にしたいことは，声部の役割と全体の響き，複数の声部が重なることのよさなどを，生徒一人一人が実感を伴って理解することです。そのためには，各声部の特徴などについて生徒一人一人が考える時間を設定するようにします。

主旋律を１つの声部が担当する曲を扱う場合など，全員が主旋律を練習し

てから副次的な旋律との合奏に進む授業は多く見られます。その意図を教師と生徒が共有することが大切です。主旋律の演奏や楽譜から感じ取ったことと音楽の構造との関わりについて一人一人が考え，考えたことをもとに自分の担当する声部をどのように演奏したいかについて思いや意図をもてるようにします。

　主旋律以外の声部の特徴を入口に，学習を進めていく方法もあります。

この曲の伴奏は，前半は２分音符が多く使われていてゆったりした感じだけど，後半はリズムが変化し４分音符や８分音符が出てくる。主旋律のパートはどうだろう。主旋律を演奏するときは，前半と後半の変化に着目して演奏しよう。

主旋律は前半と後半に変化がありませんでした。伴奏のパートは曲想に変化を加える役割があるのではないでしょうか。
伴奏は前半と後半の変化が分かるように，前半は優しい音色で音をつなぎ，後半は弾むような感じで演奏したいです。

3　「音楽的な見方・考え方」を働かせたパート決め

　パートを決める際には，声部の役割をクラスで共有してから，担当するパートの希望を聞き取るとよいでしょう。例えば，「私は主旋律を目立たせるように演奏するのが好きなので，下のパートで強弱を工夫したい」等の希望する理由を音楽の言葉を使って説明することは，「音楽的な見方・考え方」を働かせた学習活動につながりますし，技能習得の見通しに関連付けて理由を語ることは，「主体的に学習に取り組む態度」の側面の１つである，学びを自己調整する姿につながります。

　教師からは「３年間で様々なパートを経験しよう」「合唱では担当しない声部にチャレンジしよう」などの声かけをし，生徒に多様な音楽体験の場を用意することも大切です。

（稲満美）

45

器楽曲の読譜指導スキル

学校外でピアノなどを習った経験があり読譜に慣れている生徒もいれば，小学校の授業で学んでいても苦手意識を感じている生徒がいるなど，読譜の実態は様々です。どのような生徒も無理なく読譜の力を養うことができるよう，生徒たちの実態に応じた指導を工夫しましょう。

1 生徒の実態を把握しましょう

小学校学習指導要領音楽では調号のない楽譜を見て演奏する技能を身に付けることが示されています。中学校学習指導要領音楽では，読譜指導について，小学校における学習を踏まえることが示されています。前述したように生徒の実態は様々ですので，まずは簡単なアンケートやチェックテストを行ない，実態を把握しましょう。こちらが想像している以上に読譜に対して苦手意識を感じていたり，楽譜を読むことに慣れていなかったりする場合が多いです。

2 スモールステップかつ楽しく

実態が把握できたら，生徒たちに合わせた工夫を考えましょう。中学校学習指導要領解説音楽編では，「生徒が生涯にわたって音楽を楽しむために，無理のない程度と方法で慣れさせることが大切である」と示されています。一度に「ドレミファソラシド」の全ての音を提示するのではなく，実態に応じて「ドレミ」から始めて徐々に音を増やしていってもよいでしょう。読譜に慣れていない生徒がクラスに多い場合には，「リコーダーお助け楽譜」と称し，教科書に掲載されているリコーダーの運指表を切り貼りして，楽譜と運指を一体化させたプリントを作成することも効果的です。（図1）

その他，生徒がよく知っているアニメやJ-popの曲から簡単なメロディーのものを取り上げ，読譜指導と関連させることも考えられます。

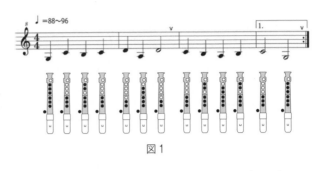

図1

大切なのは，生徒にとって読譜の学習活動が苦痛にならないことです。スモールステップで，かつ，楽しく学べる方法を見出しましょう。

3 移動ドと固定ドについて

楽譜の読み方には移動ドと固定ドの2通りがあります。中学校学習指導要領音楽の「内容の取扱い」には，歌唱の指導にあたっては「相対的な音程感覚などを育てるために，適宜，移動ド唱法を用いること」とあります。相対的な音程感覚を育てる上で移動ド唱法は極めて大切ですが，器楽では楽譜とそれぞれの楽器の運指等が一致する固定ドを用いるとよいでしょう。

4 読譜指導は「歌う」ことからはじめましょう

音符の下に「ドレミ」を書かせることで終わってしまうのではなく，まずは教材曲をしっかりと歌わせて，楽曲に親しませることが大切です。歌詞が付いている曲であれば，まず歌詞で歌い，その後「ドレミ」で歌わせてもよいでしょう。拡大した楽譜を黒板に貼り（または，大型モニターや電子黒板に楽譜を映し出し），教師が一つ一つ音符を指差しながら一緒に歌うと，楽譜上のどの音を歌っているのか一目瞭然でより効果的です。リコーダーの場合，楽曲を十分に歌ってから，楽曲で用いる音の指づかいを整理しましょう。その後，歌った音とそれぞれの音の指づかいを一致させていきます。このような工夫によって生徒たちは自ら楽譜を読みながら演奏できるようになります。

（清水直子）

46

楽器の運指が苦手な生徒への指導スキル

> 生徒がリコーダーなどを苦手にしている原因に「運指が難しい」ことがあります。難しい箇所を繰り返し練習することが大切ですが，生徒がいやになってしまわないように留意し，その過程で，効果的な方法を工夫してみましょう。

1 継続的に楽器に触れる機会を設けましょう

一生懸命運指を覚えても，しばらく演奏しないと忘れてしまうことがあります。授業の始まりにカデンツに合わせて挨拶をするようにしていることもあるかもしれません。同様に「授業始まりのテーマ」などをつくって，毎回，数十秒だけでもリコーダーに触れるという機会を設けたり，毎回歌う歌の間奏部分をリコーダーで演奏したりするなど，楽器を演奏することが身近なものになるよう工夫してみましょう。

2 楽器や指の位置を安定させる工夫をしましょう

楽器や指の位置が安定しないと，運指がうまくいきません。姿勢を工夫する他，教科書に示されている基本的な指づかい以外の方法を取り入れることも考えられます。

(1) リコーダー

リコーダーでは，指かけを装着して下唇と右手の親指だけで楽器を支えてみましょう。その姿勢でリコーダーを安定させるためには，必然的に身体と笛の角度が45度くらいになるとともに，背筋も伸びます。下唇の上にリコーダーを乗せる感じをつかませ，それを保ちながら話をしたり声を出して笑ったりできるようになれば，安定した姿勢で運指に集中することができます。

中学生になると，身長も伸び，生徒によって座高も違いがあります。椅子に座り，机の楽譜を見てリコーダーを演奏するのが苦しい生徒には，立って

譜面台を調節して用いたほうが演奏しやすいこともあります。

(2) **ギター**

　ギターでは，コードを押さえる左手が課題になります。ヘッドの高さに気を付けて安定した姿勢で構えるとともに，以下のように押さえるポジションや指の押さえ方などを複数提示し，生徒が使いやすいものを選べるようにしましょう。

Gコードの場合

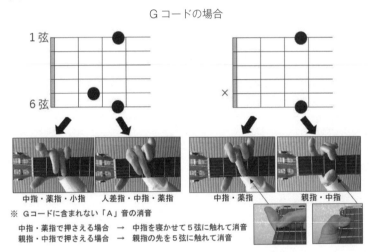

中指・薬指・小指　　人差し指・中指・薬指　　中指・薬指　　親指・中指

※ Gコードに含まれない「A」音の消音

中指・薬指で押さえる場合　→　中指を寝かせて5弦に触れて消音
親指・中指で押さえる場合　→　親指の先を5弦に触れて消音

3　ICTを活用して，指の動きと音をつなげましょう

　リコーダーを演奏している時は，なかなか指を見ることができません。そこで「運指」の学習にもICTを活用してみましょう。例えば，生徒一人一人のリコーダーを演奏する際の手を拡大投影してみます。生徒は同じ指づかいでも，指の角度や力の入れ具合などがそれぞれ違うことに気付くはずです。

　また，「曲名当てクイズ」なども面白いと思います。映像でリコーダーや鍵盤楽器を演奏する指づかいを見せますが，音は出さないようにします。ゲーム感覚で何の曲を演奏しているか当てさせると，運指と音の関係を身近なものにすることができます。　　　　　　　　　　　　　　　　　　　（浅田裕）

47

器楽の学習が充実する
ワークシート作成スキル

　器楽の学習では，曲を楽譜通りに演奏することに重きが置かれがちです。演奏技能を高めるだけでなく，生徒が考えを深めながら思いや意図を明確にしたり，主体性を発揮したりできるワークシートを作成するスキルを身に付けましょう。

1　"関わり"に着目して器楽の学習を深めましょう

　中学校学習指導要領では，器楽に関する指導事項が次のように示されています。第1学年の内容を例に示します。

> ア　器楽表現に関わる知識や技能を得たり生かしたりしながら，器楽表現を創意工夫すること。
> イ　次の(ア)及び(イ)について理解すること。
> 　(ア)　曲想と音楽の構造との関わり
> 　(イ)　楽器の音色や響きと奏法との関わり
> ウ　次の(ア)及び(イ)の技能を身に付けること。
> 　(ア)　創意工夫を生かした表現で演奏するために必要な奏法，身体の使い方などの技能
> 　(イ)　創意工夫を生かし，全体の響きや各声部の音などを聴きながら他者と合わせて演奏する技能

　知識や技能を習得したり活用したりすることと関わらせながら，生徒が考えを深め，思いや意図を明確にできるワークシートを考えましょう。その際のキーワードは"関わり"です。「○○な感じ」という曲想やイメージ，それらを生み出す音そのものの特徴や音楽の構造，「△△な演奏がしたい」という思いや意図，表すために必要な技能……器楽の学習は，これらの関わりの中で深まります。例えば，事項イ(ア)(イ)，事項ウ(ア)を取り上げる授業では，右の図のような関わりが考えられます。そこでワークシートには，曲や楽器の

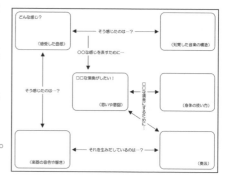

特徴について整理する部分に加えて，例えば「リコーダーの音色を生かしながら曲想の変化を表すためには，息の速さや奏法をどのように変えたらよいか」「どのように身体を使うと，表したい演奏にふさわしい和太鼓の音が出せるか」のような問いを設けることが考えられます。それぞれの内容を関連付ける際に思考・判断が働きます。また，音・音楽としての表れ方を試すことで知識や技能を活用したり実感したりする場面が多くなり，創意工夫が促され，思いや意図も明確になります。関わりが明白になると，技能の必要性も実感できるでしょう。生徒の実態や授業のねらいを踏まえ，それぞれの内容を整理しながらそれらの関わりを見出せるワークシートを作成し，楽譜と合わせて指導に役立てましょう。

2 生徒が意欲的・主体的に取り組む「しかけ」を

「主体的に学習に取り組む態度」を引き出すことも重要です。生徒が主体性を発揮しながら意欲的に取り組む「しかけ」を考えましょう。

例えば，スモールステップのミッションにスタンプラリーの要領で取り組めるワークシートを作成します。生徒が個人またはペアで確認するステップを織り交ぜることで，教師が個別に指導・助言する機会も確保できます。スタンプラリーの大枠は教師から提示しますが，生徒が学習状況に応じてミッションを選んだり，ふさわしいミッションを自分で設定したりできるステップも用意し，生徒が主体性を発揮できるようにしましょう。

（鶴岡翔太）

48

演奏発表時の指導スキル

演奏発表の場があることは，生徒たちにとって大きな目標となります。個人で，または仲間と協力し合って音楽活動に取り組んだ成果を表現する際の生徒たちの集中力や嬉々とした表情は，音楽科の学習における醍醐味の1つと言えます。生徒たちの創意工夫が生きる演奏発表の場を用意するスキルを身に付けましょう。

1 どのような発表形式がふさわしいか検討しましょう

生徒の実態や指導の目的に応じて，発表の形態を工夫しましょう。例えば，クラス内で互いによいところを述べ合うような相互評価の形を取るのか。または，コンテスト形式にして，教師が審査員になって各グループの演奏を評価するなどの方法も考えられます。後者では，合唱コンクールに向けた取り組みのように，生徒たちの音楽活動に対する緊張感や集中力が一層高まることが期待できます。

発表の際，事前に調整をしてホームルーム担任など他教員に参観していただくことも，生徒のやりがいを高めることになるでしょう。また，映像に撮って保護者会等で披露すれば，日頃の音楽科の取り組みを知っていただくよい機会となります。

2 タイムマネジメントも忘れずに

しっかり準備したのに時間切れで次回発表……と生徒たちをガッカリさせることがないよう，発表のタイムマネジメントを欠かさないようにしましょう。一個人または1グループの演奏がどれくらいかかるか，1時間の授業で全ての発表が終わるのか，または発表前の活動時間はどれだけ取るのか，教師側の時間管理が生徒たちの発表を円滑に成功させる秘訣です。また，お辞儀をするのか，工夫等を述べてから発表するのかなど，ある程度のルールを設けておくことは，発表マナーを身に付けさせるよい機会でもあります。

3　演奏発表でしっかりと評価しましょう

　演奏発表は，生徒たちの学びの集大成の場と言えます。評価の観点「知識・技能」「思考・判断・表現」「主体的に学習に取り組む態度」のうち「知識」以外は，この「演奏発表」を評価方法の１つに設定して，日頃の学習活動の「観察」や「ワークシート」などと組み合わせて評価することが考えられます。また，それぞれにふさわしい評価規準を設定しましょう。

(1)　技能

　演奏に関する生徒たちの創意工夫が生かされた演奏であるかを評価しましょう。例えば，生徒たちが強弱や記号，注意などを書き込んだ楽譜をスキャナーでパソコンに取り込み，大型モニターや電子黒板に映し出す方法も有効です。生徒たちがどのような意図や内容で工夫したのか一目瞭然ですし，クラス全体で互いが工夫した点を共有することができます。また，実際の演奏内容と照らし合わせた評価が可能です。もし画面の用意が難しい場合は，拡大した楽譜を黒板に貼ってもよいでしょう。

(2)　思考・判断・表現

　どのように器楽表現するかについての個々の生徒の思いや意図を評価しましょう。主に，ワークシートの記述内容で評価する方法が考えられます。発表の前後，または毎回の授業終了後にワークシートを回収し，生徒たちが創意工夫する過程を評価することが大切です。

(3)　主体的に学習に取り組む態度

　音楽活動に取り組む主体性や協調性を評価する方法を検討しましょう。例えば，互いの演奏を聴き合う際にワークシートを用意し，それぞれの工夫のよかった点について記述させてもよいでしょう。また，発表終了後に自身の演奏を映像で振り返らせ，客観的な視点で演奏を自己評価させることもよい方法です。

（清水直子）

49

生徒が創作に意欲的になるスキル

　創作は活動していくうちに音楽の構造などに気付き，イメージを広げながら音楽をつくる面白さを味わえるようになります。教師のアイデアで思いきり楽しい創作の授業をつくりましょう。

1　創作の学習内容を確認しましょう

　創作は，生徒が自由に音を鳴らしながら，表したいイメージと関わらせて，
①いろいろな音のつながり方を試して旋律をつくる活動，
②音素材を選び，音の重なり，反復や変化などの構成を工夫して音楽をつくる活動などを行います。その際，つくるための課題や条件（テーマや約束事）を分かりやすく示し，生徒が創意工夫できるようにすることが大切です。
　しかし，難しく考える必要はありません。教師自ら生徒と一緒に楽しんでやってみるという気持ちで取り組んでみましょう。

2　生徒が思いきり楽しめる授業をしましょう

(1)　生徒の小学校での音楽づくり経験を把握しましょう

　中学校の教師がつい陥りやすいことは，生徒の小学校での「音楽づくり」の学習経験を把握しないで授業を考えてしまうことです。「これは楽しく生徒が取り組む」と思っても，実は同じ授業を小学校で経験していたら，「またか」と意欲は高まりません。創作だけでなく歌唱や鑑賞でも同じことが言えますが，事前に生徒がどんな経験をして，その授業にどんな印象をもったのかなどを調べておくことが大切です。

(2)　楽しい創作の導入「リズムアンサンブル」

　創作の導入としてまず，リズムアンサンブルの既成曲をみんなで演奏してみると効果的です。黒澤吉徳作曲「打楽器のための小品」，和田崇作詞作曲

「くいしんぼうのラップ」，古谷哲也作詞作曲「野菜の気持ち」などは生徒が楽しんで取り組みます。「打楽器のための小品」は手拍子の他に音符を声で刻むとさらに面白くなりますし，手拍子を打ちやすくなります。4分音符は「タン」，4分休符は「ウン」，8分音符は「タ」，8分休符は「ス」で歌ってみてください。「くいしんぼうのラップ」はシンセサイザー等でドラムのビートを流すとノリが出て盛り上がります。「野菜の気持ち」は，野菜の名前を大げさにユーモアたっぷりに発音すると大爆笑します。

(3) 楽しい創作「いろいろな音階を使った創作」

　まず取り上げてほしい音階は五音音階です。その中でも「ヨナ抜き音階」です。ピアノ黒鍵がその配列で並んでいるので，黒鍵だけを弾いていると日本の民謡や演歌っぽく聞こえてきます。ドミファソシだけを使う沖縄音階もあります。レとラの鍵盤に印を付けておき，そこは弾かずに付点音符で弾いてみると沖縄の雰囲気が出てきます。このような工夫で他の音階も理屈抜きで楽しんでください。

(4) 楽しい創作「和音を使って創作」

　ハーモニーのある曲をつくることは大変難しいです。しかし，C・F・Gの構成音だけで簡単に輪唱がつくれます。12小節の三部輪唱の例です。歌詞を変えればその場に応じた輪唱で楽しむことができます。

（太宰信也）

50

旋律をつくる創作指導スキル

> 生徒がつくる旋律は，何ものにも代えがたい生徒のマイ・ミュージックです。やみくもに音を並べるだけで終えてしまうのではなく，生徒が旋律づくりに必要な知識・技能を無理なく習得したり，旋律づくりの学びを深めながら納得のいく旋律をつくったりできるように導く指導スキルを身に付けましょう。

1 生徒の実態を踏まえた課題や条件を設定しましょう

　生徒が旋律づくりに必要な知識・技能を明確にしたり，学習を見通したりできるよう，創作の学習経験などを踏まえた課題や条件を考えましょう。

　課題・条件の例として，「言葉の抑揚をミソラに置き換えて旋律をつくる」「和音の構成音を用いて４小節（Ⅰ―Ⅳ―Ⅴ―Ⅰ）の旋律をつくる」「沖縄音階の特徴を生かした２小節の動機をつくり，それを反復・変化させて二部形式（16小節）の旋律をつくる」などがあげられます。沖縄音階のような五音音階は，音のつなげ方を少し工夫するだけで固有の雰囲気が感じられるため，学習の初期段階にもうってつけです。生徒の実態に応じてリズムパターンを条件に加えてもよいでしょう。また，学習の蓄積によっては，あえて条件を少なくして自由度を高めることも考えられます。多様な課題・条件に沿った創作を経験させ，旋律をつくる力を総合的に高めましょう。

2 旋律づくりのスタートアップを充実させましょう

　旋律をつくる際には，イメージと関わらせて，身に付いている資質・能力を働かせながら音のつなげ方を試すことが大切です。設定する課題や条件を踏まえて，導入段階での学習活動を工夫しましょう。具体的には，旋律づくりで習得・活用を目指す知識及び技能のエッセンスが生かされた作品の演奏体験，旋律づくりのプレ体験（部分創作）を盛り込みましょう。プレ体験の際には，「○○コンペティション！」などと銘打った模擬プロジェクトを仕

立て，生徒の学ぶ意欲を引き出す場面設定も工夫しましょう。

3　音のつながり方やその特徴に意識を向けさせましょう

　課題や条件に沿ってつくった旋律が，どのような音のつながり方になっているのか，その特徴を捉える指導を工夫しましょう。例えば，旋律の音をマーカーでつないで視覚化し，つくった旋律がどのような線で描かれるのか，どのようなリズムになっているのか，それによってどのような特質や雰囲気が生じているのかについて考えさせます。さらに，他の生徒がつくった旋律と比較し，音のつながり方やその特徴にどのような違いがあり，それによってどのような効果の違いが生じているのかを考える場面も設定しましょう。

創作

4　生徒が旋律づくりに向き合えるようにしましょう

　声や楽器で音を出しながら旋律をつくる，つくった旋律を演奏発表する，楽譜などに記録する……旋律づくりに関わる他の技能が，学びの妨げになる可能性もあります。演奏の技能や記譜力などを補う手立てを考えましょう。

(1)　器楽の技能の習得状況を踏まえましょう

　演奏し慣れている楽器で取り組むのがベターです。その場合でも，生徒がもち合わせている器楽の技能で創作活動を行うことができるように工夫しましょう。器楽分野と関連させた題材の設定も有効です。

(2)　コンピュータを活用して旋律づくりを発展させましょう

　音色や音域が変わると，旋律が醸し出す雰囲気も変わります。どの楽器・音域で演奏すると旋律が映えるのか，イメージにふさわしい響きになるのか……ICT機器を活用して，実感を伴った旋律づくりの幅を広げましょう。また，つくった旋律の記録・保存にも端末を役立てましょう。近年では，楽器の仮想演奏ができるGarageBand（iOS），楽譜作成ができるMuseScore（Werner Schweer）などをはじめ，無償で提供されるアプリが増えてきています。学習のねらいに合った旋律づくりができるアプリを選択しましょう。

（鶴岡翔太）

51

音素材と構成を生かした音楽をつくる 指導スキル

音色にこだわったり，テクスチュアや構成，形式を工夫したりして音楽をつくることも，創作の大切な学習です。生徒が表したいイメージと関わらせながら，音素材や構成を生かして音楽がつくれるように導くスキルを身に付けましょう。

1 音素材と "とことん" 向き合いましょう

音素材の特徴を生かして音楽をつくる学習では，音素材が音楽をともにつくりあげるパートナーになります。そして，"生かす" ためには音素材の特徴や可能性を知る必要があります。パートナーを知ることが第一歩です。

(1) とにかく音を出してみましょう

旋律楽器であれば，同じ旋律を演奏することによって，それぞれの音素材の特徴を捉えることができます。また，打楽器や身の回りにある素材の一つ一つと向き合うと，音の出し方や奏法によって音色が変わるという気付きが，生徒から次々と生まれてくるはずです。例えば，太鼓の打面のどの辺りを打つか，何で打つか（マレット，スティック，ブラシ）によっても，音の表れ方は変わります。また，紙であれば，指で弾く，端を持って揺らす，破る，丸めるなど，様々な音の出し方が考えられ，それぞれに特徴のある音がします。素材を十分に知った上で，表したいイメージと関わらせながら，生徒が素材を選んだり音の出し方を決めたりできるようにしましょう。

(2) 音そのものを意識する学習場面を日頃から取り入れましょう

一つ一つの音に意識を向けられる生徒を育成することも，音楽科の大切な役割です。創作の学習だけでなく，様々な音楽の鑑賞，器楽での演奏など，折に触れて，音そのものを注意深く聴く場面を取り入れましょう。その際には，声や楽器の音だけでなく，自然音や環境音も音楽科の学習の対象に含まれることを，具体的な学習活動を通して知らせましょう。

2 プロフェッショナルから学びましょう

　作曲家は，音楽づくりのプロフェッショナルです。例えば，ベートーヴェンの交響曲第５番は，モチーフの反復によって構成された作品の好例です。その他，分かりやすい変奏曲などを聴いて，旋律をどのように反復させたり変化させたりしているのか，分析してみましょう。また，歌ったり演奏したりすることも有効です。実際に音にすることで，音素材の生かされ方や構成の効果を，実感を伴って理解することができます。その上で，短い旋律を示して「旋律をアレンジしてオリジナル作品をつくろう！」といった課題を提示し，イメージに合う音素材や音の出し方を選んだり，旋律の反復や変化のさせ方，強弱の設定を工夫したりする活動を考えましょう。

創作

3 アプリを活用して音楽づくりの幅を広げましょう

⑴　四字熟語をテーマにして変奏曲をつくりましょう

　楽器の仮想演奏や音色の変更ができるアプリを用いることによって，音楽を様々に変化させることが容易になります。例えば，①短い主題，②展開の分かりやすい四字熟語（春夏秋冬，喜怒哀楽など），③「音色」「リズムパターン」「速度・強弱とその変化」などを例示したリストを生徒に提示します。そして，生徒がテーマとなる四字熟語を選択し，それをもとに音楽の展開を練り，リストを参考にしながらアプリ上で音楽を具体化する活動などが考えられます。

①短い主題の例

⑵　ループ素材を組み合わせて音楽を構成しましょう

　GarageBand（iOS）の LIVE LOOPS という機能では，ループ再生できる短いフレーズを組み合わせて音楽をつくります。全体のまとまりや展開のさせ方を考えて，表したい音楽に合う素材を選択し，ループさせるタイミングや重ね方を音で確かめながら音楽をつくることができます。　　　　（鶴岡翔太）

52

つくった音楽の記録スキル

音楽を記録することは，つくった音楽を自分で再現できるというよさがあります。また，音楽を記録しておけば，それを他の生徒が見て，一緒に音楽を奏でるなどの楽しい活動が実現できます。生徒が取り組みやすい多様な記録の仕方のスキルを身に付けましょう。

1 いろいろな記録方法で OK！の視点をもちましょう

中学校学習指導要領音楽の「内容の取扱い」では，創作の指導について次のように示されています。

「…創作の指導に当たっては，即興的に音を出しながら音のつながり方を試すなど，音を音楽へと構成していく体験を重視すること。その際，理論に偏らないようにするとともに，<u>必要に応じて作品を記録する方法を工夫させること。</u>」（下線は筆者による）

音楽を記録する方法には，五線譜だけではなく多様な記録の仕方があることを生徒が学び，工夫することは，とても大切なことです。

2 文字，絵，図，記号，コンピュータなどで記録しましょう

中学校学習指導要領解説音楽編では，五線譜以外にこの５種類が例示されています。それぞれ具体的に考えてみましょう。

(1) **文字**

例えばワークシートに「音符でもドレミでもよい」「音符でもよいし，リズムを言葉で書いてもよい」などとすると，生徒は安心して使いやすい方法を選ぶことができます。

例：♩ ♫ ♩ ♩ ｜をタンタタタタンタン　と表記する等

(2) 絵

　例えば，箏で「さくらさくら」の前奏をつくる学習の時に，イメージに合った絵を箏の弦を表したイラストの上に描くなどは，中学生でもグループでイメージが共有できる方法です。

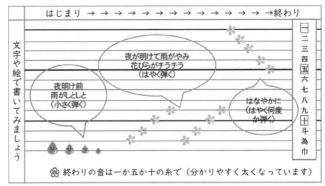

津田正之・酒井美恵子編著『小学校音楽授業プランワークシート中学年』明治図書．2020．より

（3）図や記号

　○と★では，異なる音色がイメージされます。記号を，間隔を置いて配置したり密集して配置したりすることで異なるリズムやテクスチュアが表現できます。そして，それまでに習得した ＜＜＜　　＞＞＞ などの記号を組み合わせれば，多様な曲想をもつ音楽が生み出されます。

　また，つくった音楽を記録し，それを別のグループが見て演奏して，創作したグループのイメージとの差異等をテーマにディスカッションすることで，音楽表現の多様性を味わうとともに，記譜をする意味や価値を実感できる授業となります。

（4）コンピュータ

　音楽創作アプリは，つくった音楽を記録する機能が備わっていることが多くあります。いろいろ試してみて，気に入った旋律やリズムができたら，録音しておくという方法は効果的です。例えば，「GarageBand」（iOS 対応の無料アプリ）は，リズムや旋律をつくることができ，録音できるのでおすすめです。また，「LOOPIMAL」（iOS 対応の有料アプリ）は，アプリ自体には録音や録画ができないのですが，タブレット本体の記録機能を用いて記録するとよいでしょう。

　　　　　　　　　　　　　　　　　　　　　　　　　　　　（酒井美恵子）

53

創作の学習が充実する
ワークシート作成スキル

ワークシートを効果的に活用することによって，生徒たちが意欲的に創作活動に取り組み，表現したいイメージや創作表現に対する思考が整理され，創作に関する知識・技能を着実に身に付けさせることが期待できます。生徒自身が学びを実感できるワークシートの作成をめざしましょう。

1 つくる手順を明確に示しましょう

中学校学習指導要領解説音楽編では，各学年の表現領域に共通して「指導に当たっては，創意工夫する過程を大切にして，生徒の思考の流れを把握しながら，適切な手立てを講じ」るように示されています。ワークシート作成にあたっては，生徒たちの思考や活動の流れを十分に想定し，創作の手順をスモールステップで示すとよいでしょう。課題を与えていきなり創作をさせるのではなく，例題を示したり，簡単な課題にいくつか取り組ませてみたり，ひとまとまりのパターンをまずはつくらせたりして，ゴールに向かう小さな積み重ねを大切にしましょう。

創作に慣れていない場合は，個人で試行錯誤する場面を多く設定する必要がありますが，学年が上がり，十分に創作の学習を重ねていれば，右ページの図1のようにペアで1つの課題に取り組ませることも可能となります。

2 イメージを言語化→創作表現につなげましょう

中学校学習指導要領では，創作分野の知識は，各学年に共通して「表したいイメージと関わらせて理解すること」と示されています。まずはイメージを言葉に表し，その上で，音楽を形づくっている要素の働かせ方などを試行錯誤しながら，どのように創作表現するかについて思いや意図をもつことが大切です。図1のように学習の前半でイメージをもたせた上で，創作へとつなげられるとよいでしょう。生徒たちは自分がイメージしたことを音や音楽

に表したいと思う過程で試行錯誤し，既習の知識や技能を生かしたり，新たなる知識や技能を習得したりしていきます。

また，図1のように，創作で工夫した点についても記入させる部分を設け，創作表現に対する生徒たちの思考力・判断力・表現力等を言語化し，評価することも大切です。

創作

オリジナルの「クラッピングラプソディ第1番」を完成させよう！

3年　組　番　氏名

Step 1：ペアに分かれ，それぞれが担当するパートを決めよう。

| パート1 | 氏名 | | パート2 | 氏名 |

Step 2：2人で話し合い，器楽の教科書p.88-p.89「クラッピングラプソディ第1番」ウの部分で演奏するリズムの雰囲気やテーマ，方向性を決めよう。

◆ウの部分の雰囲気やテーマ，方向性（例：楽しく生き生きした感じ）

Step 3：Step2で決めたテーマをもとに，中心となる2小節のリズムを考えよう。

Step 4：Step3で考えたリズムを反復したり変化させたりして，8小節のリズムアンサンブルを創作しよう。（楽曲全体のバランスを考えてつくってみよう！）

創作で工夫した点

・
・
・

Step 5：中間発表をして，つくったリズムについて意見交換をしよう！

Step 6：意見交換したことを参考にしたり，他の工夫（旋律やボディーパーカッション，音色など）を考えたりして，作品を完成させよう！

図1

3　楽譜作成ツールを活用しましょう

　教師が模範として創作した旋律を示したり，生徒が創作をするための五線譜などを用意したりする必要がある場合は，適宜，楽譜作成ツールを活用しましょう。FinaleやSibeliusなどの有料版ソフトのほか，最近では無料のソフトやアプリも多くあります。有効活用して，美しいワークシートの作成を目指しましょう。

（清水直子）

54

学習形態の工夫スキル

中学校学習指導要領解説音楽編には，「指導のねらいや生徒の実態に応じて，適切にグループ活動を取り入れたり，生徒同士の中間発表や相互評価の場面を設けたり，さらに自分たちでつくった作品を披露する場を設定したりすることも有効である」と示されています。創作の学習では，生徒一人一人がじっくり考える場面と，他者と関わりながら学習を進める場面を適切に組み合わせることが効果的です。

1　1人で考える時間を確保しましょう

　他の領域や分野の学習と同様に，まず自分でしっかりと考える時間を確保します。この時間は，生徒一人一人が表したいイメージを膨らませたり，それを表すためにどのような音素材を選択するかを考えたりするなど，音楽と向き合って試行錯誤する時間です。短い時間であっても，学習過程の中で目的に合わせて何度か設定するとよいでしょう。もし，この時間に思い描いたイメージと一致した音楽がつくれなかったとしても，それはなぜなのか，課題の解決のために必要な知識・技能は何かなどについて考えることが主体的な学びにつながります。

　とはいえ，1人で考える時間がつらいものにならないよう，無理のない活動を設定することも大切です。生徒の実態に応じた学習活動を工夫するためには，小学校での「音楽づくり」の学習の経験を把握することも助けとなるでしょう。

2　協働的な学びをつくる，音楽の言葉で対話するグループ活動

　次に，生徒が他者と関わりながら進める学習形態の一例として，グループ活動を指導する場合のスキルです。それぞれの生徒が自分の考えをもち，主体的な対話ができるようにしたいですね。はじめから明確な思いや意図が語れなかったとしても，対話によって自分の考えを明らかにしていくことができればよいのです。

対話によって学びを深めていく力は，1回のグループ活動では身に付きません。下記のようなルールを示して，領域や分野を超えて繰り返し取り組ませることも考えられます。

例) **主な学習活動**：教師が指定した和音進行とリズムパターンをもとに，和音に含まれている音を使用して表したいイメージに合った8小節の旋律をつくり，グループで中間発表をする。
　　グループ活動のねらい：ここまでの創作活動で考えたことを他者と共有することで，音楽の構造から感じ取ったこととそこから生まれる特質や雰囲気について考えを深め，作品を表したいイメージに近づけていく。

○**生徒に示すグループ活動のルール**

> (1)グループの全員が，自分以外のメンバーの作品について，表したいイメージを旋律で表すためにどのような工夫をしたか説明できるようになること
> (2)「リズム」「旋律」「和音の響き」などの音楽の言葉を使って対話すること
> (3)分からないことがあるときは，必ず質問をすること
> ※リーダーの役割は全員の考えを聞くこと，音楽で試す時間をつくること

　(1)はこのグループ活動の目標です。他者の作品や意図について説明できるようになるためには，しっかりと理解しなくてはなりません。また，自分1人が理解すればよいのではなく，全員が互いの思いや意図を共有する必要があります。そして，「どのような工夫をしたか」が音楽的な見方・考え方を働かせて話し合われるよう，(2)ではこの題材で扱う共通事項に関連した言葉を指定しています。また，ここではリーダーの役割として書きましたが，語られたことは音楽で試すことが大切です。(1)(2)を内容の目標とすると，(3)は態度の目標になります。生徒が自分と他者の感じ方や表現の仕方の違いに敏感になり，質問し合うことで対話が進み，学びが深まります。

　グループ活動の協働的な学びには，教師との対話も含まれています。教師は生徒の取組がねらいの実現に向かうよう，観察をしながら生徒と対話をします。もちろん，生徒が他者と関わりながら学習を進める方法は，グループ活動だけではありません。教師がその学習形態を設定するねらいと，期待する生徒の姿をはっきりさせて指導に臨むことが大切です。

（稲満美）

創作

55

創作の評価スキル

創作分野の学習評価を行う際は，完成した作品のみで評価するのではなく，創意工夫する過程の状況から，知識や思考・判断・表現の観点で評価することが大切です。また，技能については，課題や条件に沿った音の選択や組合せなどの技能を身に付けているかを評価することが大切です。

1 生徒の思考，判断のよりどころを明確にすること

創作の授業では，指導のねらいに応じて課題や条件を設定することが大切ですが，このことを評価の面から考えてみましょう。

創作の前提となる課題や条件を設定する際には，生徒の思考，判断のよりどころとなる〔共通事項〕アの主な音楽を形づくっている要素と関連付けます。このことにより，指導のねらいが明確になり，評価を指導の改善に生かしやすくすることができます。

題材の目標，評価規準，音楽をつくる際の課題や条件の関連性
（「思考・判断・表現」の例）
○題材名　俳句から感じ取った情景をもとに，日本の音階を使って旋律をつくろう
○学習指導要領の内容（「思考力・判断力，表現力等」の資質・能力に関わる）
　第1学年 A 表現(3)創作　ア創作表現に関わる知識や技能を得たり生かしたりしな
　　　　　　　　　　　　　がら，創作表現を創意工夫すること。
○主な学習活動　俳句から感じ取った情景をもとに，表したいイメージをもち，音素材
　　　　　　　　や民謡音階の特徴を生かして創意工夫し，3小節分の旋律をつくる。

> **題材の目標（「思考力・判断力，表現力等」の資質・能力に関わる）**
> ○音色，旋律を知覚し，それらの働きが生み出す特質や雰囲気を感受しながら，知覚したことと感受したこととの関わりについて考え，どのように音楽をつくるかについて思いや意図をもつ。

> **「思考・判断・表現」の評価規準**
> ○音色，旋律を知覚し，それらの働きが生み出す特質や雰囲気を感受しながら，知覚したことと感受したこととの関わりについて考え，どのように音楽をつくるかについて思いや意図をもっている。

> **音楽をつくる際の課題や条件**
> ○イメージについては，選んだ俳句から感じ取った情景をもとにする。
> ○表したいイメージと関わらせながら，４分の４拍子３小節分の旋律をつくる。
> ○使用する楽器はリコーダー，木琴，グロッケンの中から選ぶ。(音色)
> ○使用する音は民謡音階の５音から選び，最後はラで終わる。(旋律)
> ※本題材で使用する楽器は，楽器の特徴のうち，音の持続時間と楽器の素材が生み出す音色に着目して設定した。

2　ワークシートの工夫

　創作分野の評価を適切に行うにはワークシートの発問の工夫が欠かせません。ここでは，前項の題材例における，発問と評価のポイントの一例を紹介します。

知識・技能	知識	発問	「３つの楽器の音色や民謡音階の音のつながり方と，表したいイメージを関わらせて，分かったことを書こう」
		評価のポイント	音のつながり方や音素材の特徴などについて表したいイメージと関わらせて理解している。 ※文末を「〜について分かりました。」と書かせるようにすると，理解したことを表現しやすい。
	技能	発問	「これまで考えたことを生かして，つくった音楽を書こう」
		評価のポイント	音楽をつくる際の課題や条件に沿っていることが，実際につくった音楽から分かる。
思考・判断・表現		発問	「表したいイメージを表現するために特にどのような工夫をしたかとその理由を書こう」
		評価のポイント	・感じ取った情景や音のつながり方，音素材の特徴などに触れながら，どのように創作表現で表したいかについて，自分なりの思いや意図を書いている。 ・表したいイメージと，表したいイメージを表現するための工夫の内容のつながりに，妥当性がある。
主体的に学習に取り組む態度		発問	「俳句から感じ取った情景をもとに，旋律をつくる学習の全体を振り返って，感じ取った情景，表したいイメージ，旋律，音色，音階などに触れながら，学習したことについて書こう」
		評価のポイント	学習を振り返って，自分が学んだことについて授業での学習内容を踏まえて書いている。 ※評価を記録に残す際は，題材終了時の姿で最終的に判断する。題材の学習に関心をもっているかのみを評価しない。 ※題材を通じて，視点を明確にして，個々の取組状況をメモしておき，記録に残す評価を補完する資料とする。

（稲満美）

56

生徒が鑑賞に意欲的になるスキル

鑑賞は「導入」が極めて大切です。これから何が始まるかな，ワクワクするな，という気持ちをもたせることがこの後の授業を大きく左右します。

また，単に曲を全部聴かせるのではなく，最も特徴的な部分について丁寧に聴くポイントを示すことで興味をもって聴くことができます。

1 導入こそ授業成功の鍵

(1) 誰もが聴いたことのある曲① ヴィヴァルディ作曲「春」

ヴィヴァルディ作曲「春」は春・夏・秋・冬の４曲からなる曲の１曲目です。「今から４曲流します。聴いたことがあるか，ないかを教えてください」と告げ，冬の冒頭部を流します。その後，秋，夏と流します。あまり聴いたことがないので，首をかしげていると思います。そして４曲目に春を流します。多くの生徒が聴いたことがあると答えます。実は４曲とも「四季」という曲で，今日は春を勉強することを告げます。これでぐっと意欲がわいているはずです。また，ソネットと関わらせて音楽を形づくっている要素を知覚・感受する学習につなげることもできます。

(2) 誰もが聴いたことのある曲② ベートーヴェン作曲「交響曲第５番」

この曲も「春」と同じ手法で行います。第４楽章から聴かせます。生徒は全く聴いたことがないと答えます。そして最後に第１楽章をかけたとたん，盛り上がります。その後，この４曲は全て「運命」であると告げ，全部聴くと30分以上かかる長い曲で，みんなが知っているのはほんの冒頭の一部であることを話します。冒頭の「ジャジャジャジャーン」がなぜこんなに有名なのかを考えさせることはとても効果的で，老若男女みんなが知っているこの「ジャジャジャジャーン」の秘密を探ろうと興味をもたせていきます。

冒頭の「ジャジャジャジャーン」の４つの音を音符で書かせます。音符が苦手で書けない生徒もいますが，適当でいいので４つの音符を書かせます。

126

ここで気付かせたいことは，冒頭が8分休符でできていることです。従って運命の冒頭は「ジャジャジャジャーン」ではなく「⌇ジャジャジャジャーン」であると言うことに気付かせます。そしてなぜ「ン」で始まるのかを考えさせます。「ン」がある場合とない場合を歌ってみると，その意味を実感できます。映像で指揮者の「ン」の振り下ろしを見せるとさらに効果的です。

2 「曲の聴き方やすごさ」を教えれば楽しく聴くことができます

(1) ベートーヴェン作曲「交響曲第5番」第1楽章

「運命」の導入に続く活動です。第1楽章といっても全部聴くと7〜8分かかります。ただ聴かせても飽きてしまいます。そこで，冒頭の「ジャジャジャジャーン」の4つの音の積み重ねで，その後の第1主題がつくられていることに気付かせます。さらに全く曲調の違う第2主題にもこの4つの音が絡みついていることに気付くと生徒は飽きることなく集中して聴くことができます。ソナタ形式で1音も無駄な音がない，緻密な計算によって作曲しているベートーヴェンのすごさにも感動するはずです。

(2) バッハ作曲「小フーガト短調」

生徒が接する音楽のほとんどが和声音楽である中で，多声音楽の美しさをぜひ味わわせてほしいと思います。パイプオルガンや多声音楽の特徴やバッハについてなど鑑賞の視点はたくさんありますが，生徒が一番興味をもつのはパイプオルガンという楽器です。何千ものパイプやストップが設置されているその大きさに驚きます。さらに4つの旋律を1人で演奏するという事実です。生徒に4つの旋律をどうやって1人で演奏しているか考えさせ，話し合わせます。いろいろな意見で盛り上がります。最後は映像を見せることにより，2本の手で3つの旋律を弾き，4つめは足で弾いているというすごさに興味をもって，食い入るように演奏場面を見ます。そして生徒が，各声部に主題が表れて重なり合うフーガの特徴を聴き取り，多声音楽の魅力を味わうことができるようになります。

（太宰信也）

鑑賞

57

曲や演奏に対する評価と
その根拠を引き出すスキル

楽曲に対する評価と，演奏に対する評価の両側面から音楽の価値を考えていくことは，音楽への理解を深めるだけでなく，生徒が生涯を通じて様々な音楽に対して自分自身の意見をもつことにもつながります。根拠を示す力とともに，音楽的な発想や語彙力を広げることのできるような指導のスキルを身に付けましょう。

1 音楽の要素と演奏の要素

〔共通事項〕に示されている音楽を形づくっている要素や，音楽の構造などの視点から，その音楽のよさや魅力，価値について考えてみましょう。楽曲や音楽作品に対する評価と，演奏に対する評価は，観点がいくつか異なります。学習内容によっては，両方の視点が含まれる場合もあります。

(1) 楽曲や音楽作品

楽曲や音楽作品に対する評価の視点の1つは，音楽を形づくっている要素などが，どのように構成されているか，という見方で曲のよさや魅力を捉えることです。例えば，旋律の反復，音の重なり方の変化，和声や調性の変化，楽器編成による音色の多様さ，曲の形式などです。音楽の要素や構造を説明するだけでなく，なぜそのような音楽の仕組みが用いられているのかという視点で，作曲者が音楽の中に取り入れた工夫について考えたり理解したりすると，それらの音楽的な面白さに気が付き，価値について考えることにつながります。例として，編曲作品との比較聴取があげられます。原曲と編曲作品の比較聴取は，音楽を形づくっている要素に気が付きにくい生徒にとっても，それぞれの音楽作品としての楽器編成や音色，テクスチュアの違いなどの点で，特徴が分かりやすいでしょう。

(2) 演奏の評価

楽曲や音楽作品を生み出す行為を創造（生産）とすると，演奏というのは再創造（再生産）と言えます。様々な演奏家によって，楽曲の解釈が異なり，

それが演奏表現へと影響します。楽曲の中に見られる音楽的要素は，リズムや楽器編成，調性，形式などがありますが，演奏の要素としては速度，強弱，アーティキュレーションなどの変化があります。どのような演奏表現がその楽曲の曲想に相応しいか，また演奏表現が異なるとどのように印象が変わるのか，などを比較聴取してみるとよいでしょう。日頃から様々な演奏を視聴することで，学習内容に相応しい教材の発見にもつながります。演奏表現の特徴や，違いの知覚が難しい生徒がいる場合には，聴く要素を限定すると着目しやすくなります。

2 知識との関連付け

　楽曲や音楽作品，演奏などへの評価の根拠を示すためには，音楽を形づくっている要素を知覚，感受するだけでなく，知識も大切になってきます。音楽作品の価値を理解する上では，音楽史や作曲手法などの理解も重要です。音楽的な時代背景や作曲上の工夫を理解することで，対象とする作品が，どのような社会的評価を受けていて，なぜそのように評価されているか，ということを理解できます。また，演奏表現のよさは，例えば「急激なクレシェンドがより切迫した感じを出している」など，表現手法の知覚と感受の関係について具体的に表現できるような語彙力も必要となってきます。

3 実生活の中にある例を活用しましょう

　曲や演奏に対する評価の視点や音楽的語彙の豊かさを広げるために，音楽雑誌などの演奏会のレビューや，様々な人による楽曲紹介などを参照してみるとよいでしょう。専門家の見解や表現は，難しいものもあるかもしれませんが，語彙や表現方法など，参考になるものも多くあります。

（森尻有貴）

58

生活や社会における音楽の意味や役割の思考の指導スキル

音楽の授業で学んだ内容や得た視点を，生徒たちが日常生活の中で生かしていくことは，現代的な教育課題です。生活や社会の中の，身近な音楽へ意識を向けることで，学習への興味・関心へもつながるでしょう。

1 生活の中にある音楽に意識を向けましょう

　私たちの日常生活は，様々な音楽で溢れています。街の中ではお店のBGM，メディアではCMの音やテレビ番組の効果音，行事の音楽，学校生活の中でも特定の時間や状況で流れる音楽やチャイムなどがあります。日頃から様々な音や音楽に意識を向け，教材としての価値を考えてみることが大切です。それぞれの音楽が，なぜその状況で使用されているのか，その音楽によって私たちはどのようなイメージや感覚をもつのか，考えてみましょう。

　また，お祭りや伝統行事などの生活に根付いた音楽，日本や世界の伝統的な音楽なども生活や社会との関係が深いです。歴史的な背景を理解するのと同時に，現代の私たちの生活にとって，その音楽がどのような意味をもつのかを考えることによって，実生活への反映を考えることができます。

2 様々な音楽に関して意味や役割を考えましょう

　様々な音楽に関して，音楽的な特徴だけでなく，私たちの生活や社会の中での音楽の役割や意味，価値についても考えてみましょう。

(1) サウンドロゴやCMの音楽

　サウンドロゴは，音を用いた広告の役割があり，企業が自社の呼称や商品名などに音楽的な工夫を凝らして，宣伝効果を高める意図があります。商標権を有し（音商標），日本でも2015年から商標登録の対象となっています。サウンドロゴやCMには，消費者の記憶に残りやすいように様々な音楽的

な工夫があります。言葉のもつ音楽的な特徴（リズムや音の高さ）に関連した音楽的な工夫を見つけてみましょう。サウンドロゴやCMをつくってみる創作の活動にも結び付けることもできます。

(2) BGM

BGMは，その空間にいる人たちの感情を左右する力があります。例えば，スーパーマーケットで流れている音楽の特徴は，購買意欲や顧客の回転率に影響します。音楽が私たちの感情に作用し，その空間での過ごし方や感じ方が無意識のうちにコントロールされる側面もあるのです。その場所や場面での過ごし方や目的などと関連させ，音色や速度，曲想などの音楽的特徴について考えてみるとよいでしょう。

(3) 合図やシンボルとしての役割

駅のプラットフォームの音楽や発車ベル，チャイム，施設の閉館時の音楽などは合図としての役割があります。特定の場面のシンボルとしての役割や，私たちの意識や行動に変容をもたらす機能もあります。音や音楽から感化されるイメージや，触発される行動について考えてみるのもよいでしょう。

(4) 行事や儀式や思想に関わる音楽

行事の音楽や，民謡の中の仕事歌や祝い歌も，音楽の力が人々の生活や精神性へ影響していることが分かります。なぜ人々は生活の中で音楽を必要とするのか，という本質的な問題にも関連します。教会音楽は，宗教や信仰，その儀式との関連から，人々の思想や祈りと深く関係しています。

(5) 伝統や継承の価値

日本の歌舞伎，雅楽，能楽などは無形文化遺産にも登録されていることから，伝統や芸能の保護の価値や継承，現代における工夫について考えてみることもよいでしょう。日本の伝統的な音楽は，日本での役割や発展を学習するだけでなく，海外で我が国の音楽がどのように受け入れられ，評価されているか，という視点で音楽の価値を考えるのも興味深いです。

（森尻有貴）

59

音楽表現の共通性や固有性の思考の指導スキル

音楽の共通性や固有性を考えたり理解したりする時，音楽や演奏を聴いたり見たりするだけでなく，知識と関連付けて考えることが大切です。音楽的な特徴を捉えるだけでなく，音楽や演奏の文化的背景や歴史，生活慣習，演奏の方法や演奏の機会などについて知ったり，音楽の構造と関連付けることによって，共通性や固有性を考えたり理解したりすることにつながります。

1 様々な視点で共通性を捉えましょう

中学校学習指導要領解説音楽編の中で，音楽の共通性については「様々な音楽が，どのようにしてつくられているか，どのように演奏されているかについて，複数の音楽に共通して見られる表現上の特徴」とされています。共通性を探る視点は様々ですが，いずれも複数の音楽や音楽表現を比較検討することで，共通性を見出すことができます。既習事項と関連させることにより，音楽への見方や考え方，捉え方についても再考する機会になるでしょう。

(1) 楽器分類による共通性

楽器の特性による分類の方法は，素材，奏法，発音振動源，形状など様々な視点があります。例えば，アジアや世界の撥音楽器を比較することで，相違点が見つかるでしょう。それぞれの楽器の国や地域が異なっていても共通して見られる特徴もあれば，異なる面もあります。例えば「素材が異なるので音色は多少違うが，基本的な奏法は同じ」などの視点は，共通性や類似性を捉える上で有効的です。

(2) 音楽の種類や様式，時代による共通性

同時代に作曲された作品などにも，作曲手法や形式などに共通性が見られ，音楽史の学習とも関連付けることができます。また，同じ音楽のジャンルや種類にも共通性を見つけることができます。例えば，「子守歌」は，国や地域に関わらず，速度や音高関係の特徴に共通性が見られるとされています。

(3)　他の芸術や文化，生活様式との関連

　音楽には，生活様式に関連のあるもの（例：仕事歌）や行事・儀式の音楽，他の芸術（例：文学，美術）との関連性が深い作品や，歴史的背景（例：スピリチュアル），宗教，文化や慣習と関連があるものなどがあります。そのような視点で音楽を捉えた場合，音楽的特徴や歌詞，形式，音楽の役割などに共通性が見られることがあります。

2　固有性と共通性の関係

　固有性とは，その音楽に見られる独特な表現上の特徴であり，音楽の共通性を考えることが，固有性を考えることにつながります。共通性が「音楽Aにも，音楽Bにも，音楽Cにも共通して〜という点が見られる」という視点であるのに対し，固有性は「音楽Aにも，音楽Bにもない〜という点が，音楽Cだけには見られる」という特徴を見出していく視点です。固有性に関連して，その音楽独特のよさや魅力という価値の観点でも考えていくとよいでしょう。

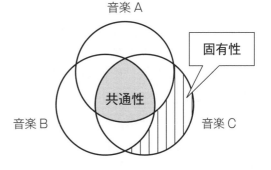

　また，固有性というのは，その音楽が属する地域や民族が，自分たちのアイデンティティの1つとして，自らが打ち出していたり主張していたりする場合もあります。政治的，歴史的な影響がある場合も考えられます。音楽の構造的な特徴だけでなく，表現の精神性や文化的背景，演奏慣習なども共通性や固有性を捉える上で大切な視点です。これらの視点は，多様性について捉えていくことにもつながります。

（森尻有貴）

60

曲想と音楽の構造との関わりの理解の指導スキル

曲想とは，その楽曲が醸し出している特有な気分や雰囲気，味わい，表情などのことです。この「曲の感じ」を感じ取ると同時に，その理由を，音楽の構造と関連付けて考えていきましょう。

1 曲想と音楽に関する感情

　鑑賞の授業のワークシートなどで，音楽を聴いて「感じたことを書きましょう」という学習を提案したり，「どんな感じがしますか？」と発問したりすることがあります。鑑賞する楽曲へ，生徒の関心や気持ちを向ける上で有効的な場合もありますが，注意が必要な場合もあります。

　実は，音楽に関連した感情は，大きく2つに分けることができます。1つ目は，音楽の中の情動表現（perceived emotion）と呼ばれ，音楽が表している感情です。作曲家がその作品に表現した感情を指すので，死への絶望感を表現した音楽，祝福の喜びを表現した音楽，などの表現された感情を指します。2つ目は，音楽により誘導される感情（felt emotion）と言い，聴き手が音楽を聴いた際の感情です。ある音楽を聴くと楽しい気持ちになる，懐かしい気持ちになる，などです。この「音楽で表現された感情」と「音楽を聴いた時の感情」は，必ずしも一致するとは限りません。特に，音楽を聴いてどのように感じるか，というのは個人の経験や感性によって異なります。生徒が音楽を聴いた時に，教師の指導的な意図を汲んで「このように感じなければいけない」という思考に至る可能性もありますので，注意が必要です。

　この2つの音楽に関する感情を区別して考えることで，学習に取り組みやすくなります。曲の構造を学習することで，その音楽がどのような感情を表現しようとしているのか，ということを理解することができます。その上で，生徒が感性を働かせて感じ取ることができるよう支援しましょう。作曲家の

意図や曲の背景とともに多角的に音楽を理解することで，音楽作品に込められた感情や表現しようとした曲想，その表現手法を考えることにつながります。

2 音楽の構造を理解しましょう

音楽の構造を理解するためには，対象となる音楽がどのようにできているか，という視点で音と音の関係や，音楽を形づくっている要素の関わり合いを捉えていくことが必要です。学習指導要領には，音色，リズム，速度，旋律，テクスチュア，強弱，形式，構成などがあげられています。

(1) 知識と実際の音を関連付けて学習しましょう

音楽を形づくっている要素やその働きの学習は，生徒が実際の音と知識を結び付けているか，という点が大切です。例えば「この旋律はチェロで演奏されている」という内容を記名的に覚えるのではなく，実際の音楽の中でのチェロの音色や，対象となる旋律を知覚することができていることが重要となります。聴き取って欲しい部分だけ取り出して何回か聴いてみたり，旋律やリズムを実際に打ったり歌ったりして，知覚を助けるとよいでしょう。

(2) 音楽の中の変化や対比を捉えましょう

速度の変化や演奏される楽器の変更，主題の対比性，調性の変化など，音楽の構造の中には様々な展開が見られます。例えば，弦楽器を中心とした第一主題から，管楽器を中心とした第二主題が現れたとしたら，楽器の音色による印象や，主題そのものの旋律の感じなども変化します。知覚と感受の両方の面から，音楽の特徴を捉えていくことが必要です。例えば，「軽やかな感じ」という感受が，なぜそうであるのかを「旋律が高音の楽器に変わってスタッカートが多い旋律となったから」といった，知覚した音楽の要素を手がかりとして，その根拠を考えていくことがあげられます。音楽的な用語の発想が難しい生徒には，教師が用意した用語から選択させる（例：速くなったか遅くなったか）などの工夫も有効です。　　　　　　　　　（森尻有貴）

61

音楽の特徴とその背景や他の芸術との関わりの理解の指導スキル

音楽は文化的創造の一部であり，人々の生活や時代背景を色濃く反映しているものでもあります。音楽に関する物語性や時代背景，音楽の役割などの視点から，音楽の価値について包括的に理解したり考えたりしましょう。

1 他の芸術の魅力や関連性について考えましょう

音楽の中には，他の芸術作品の一部として位置付けられていたり，関連性で生み出されたりする作品も多くあります。音楽の構造や音楽の要素に関連した学習に加え，その作品がどのような背景をもっていて，他の芸術や文学などと関連しているのか，という視点で音楽作品を捉えていくと，幅広い理解をめざすことができます。ここではいくつかの例を紹介します。

(1) 総合芸術の中の音楽

日本の伝統芸能である歌舞伎は，芝居，舞踊，音楽の総合芸術です。誇張表現や静止（見得），舞台や衣装の華やかさ，物語性などの中で，音楽がその芸術や様式美の中でどのような役割をもっているのか，という視点で考えることができます。総合芸術としてはオペラもあげられます。歌唱の様々な様式とともに，文学や美術，演出などの関連性を学習するのに適しています。

(2) 付随音楽や劇音楽

劇付随音楽は，もとの作品である文学作品や戯曲の物語性と，それに付随する音楽の関係性を学習するのに適しています。物語の展開と音楽表現の関連について考えてみましょう。シェイクスピアの『ハムレット』はチャイコフスキー，プロコフィエフ，ショスタコーヴィッチなどが劇付随音楽を作曲しています。他にも，ベートーヴェン作曲「エグモント」，メンデルスゾーン作曲「真夏の夜の夢」，グリーグ作曲「ペール・ギュント」などは有名です。

(3) バレエ

　バレエ音楽には，チャイコフスキー作曲「くるみ割り人形」や「白鳥の湖」など，生徒にとっても耳馴染みがある作品が多くあります。基本的には歌唱を伴わず，物語と舞踊，音楽によって展開されていきます。物語性や登場人物の感情，音楽に沿った舞踊の表現などを総合的に考えることができます。また，有名な曲はバレエとしての上演のみならず，音楽だけが演奏される慣習が主となっている作品もあります（例：ラヴェル作曲「ボレロ」）。

(4) 映画音楽

　映画における音楽の手法は，世界各国で進歩してきました。サイレント映画に音楽が付くと，BGMのような役割から，効果音や映像と音の同時性，ライトモチーフなど，映像と音楽の関係性を追求した様々な手法が見られます。場面や感情と音楽の役割や効果を考える上でも取り組みやすく，生徒にとって身近な作品もあるでしょう。使用される音楽も，西洋音楽，ポピュラー音楽，ジャズ，ロック，テクノなど多岐に渡っています。

2　作曲家や作品の背景と共に理解しましょう

　音楽の作品や作曲家同士にも様々な関係性があります。作品を献呈したり，他の作曲家の主題を借用したり，編曲をしたり，師弟関係であったりと，人間的にも音楽的にも様々な関係性があります。楽曲を学習する際に，既習曲の作曲家に関する時代や国，作曲手法などと結び付けることで，相互関連性のある知識として構築されやすくなります。

　また，バロック時代の作品やアフリカの音楽など，現代の生徒にとって時間的にも空間的にも想像しにくい存在の音楽は，実感をもって理解をすることが難しいかもしれません。音楽的な構造や音楽を形づくっている要素の関連性や働きだけでなく，時代背景や，その音楽が当時の人々にとって，またはその地域の人々にとって，どのような存在であるのかという視点を取り入れると，よりよいでしょう。

（森尻有貴）

62

アジアや世界の音楽の特徴と多様性の理解の 指導スキル

世界の音楽をはじめとする様々な音楽や芸術様式を知るということは，自国の音楽を見つめ直したり，自分自身の音楽の価値観を考えたりすることにもつながります。音楽文化における多様性を理解することは，味わったり親しんだりする音楽の幅を広げ，新たな思考や価値観を形成することにもつながります。

1 固有性や共通性と関連付けましょう

　音楽における多様性を理解することは，同時に音楽の固有性，共通性を理解することでもあります。世界の様々な国や地域における音楽に関して，その地域に固有なこともあれば，例え国や言語，風土が異なっても，共通して通じる普遍性もあります。その上で，多様であることを認識するためには，多様性を浮き彫りにできるような教材を考えることが大切です。例えば，世界のお祭りの音楽，各国の伝統的な歌唱法，様々な国の太鼓などのように，一定の共通性から発想を得ると，「同じ太鼓だけれど地域によって～という点が多様である」などと理解することができます。

(1) **多様性の視点**

　多様性を捉える視点には様々な観点があります。楽器そのものの多様性（素材や構造など）もあれば，音楽の構造の多様性（拍子，リズム，反復，旋法，微分音など），演奏方法の多様性（演奏者の役割，演奏の順序の法則，即興など），演奏慣習の多様性（演奏の機会，場面，時間など），生活の中の音楽の役割（儀式や宗教など），などもあげられます。

(2) **音楽における価値**

　音楽の多様性を理解する上での視点の１つとして，ある音楽において大切だとされていることが，他の音楽ではそうではない，ということがあげられます。例えば，西洋音楽の多くは和声が大切な要素の１つですが，インド音楽では旋律や単音を非常に重要な要素としています（調和の概念はあります

が，和音的・多声的展開をもたないとされています）。音楽的な構造や要素の特徴だけでなく，その文化圏で，その音楽のどのようなところが大切にされているのか，どのような演奏であるとよいとされるのか，といった異なる価値観を学ぶことも重要です。

2 多様性の理解と自身の音楽に対する認識への還元

　音楽における多様性を知り，理解をすることは，それまでの教師自身，生徒自身の音楽への認識に変容をもたらす機会でもあります。それまで当たり前だと思っていたことに対して，疑問を投げかけられるような芸術様式に出会った時，その多様性に触れることによって，共通性や固有性への理解を再考するでしょう。例えば歌唱において，姿勢を正して大きな口を開けて伸びやかな声で歌うことが通常だと思っている生徒にとって，モンゴルのホーミーやオルティンドーの発声，アルプス地方のヨーデル，スウェーデンのキュールニング，北欧やブルガリアの合唱団の響きなどは，歌唱という行為における多様性や，生活の中での声の役割を認識する機会になります。

　また，固有性だと思っていたことが，共通性にもなり得ることを知った時，多様性と固有性を再考する機会にもなります。例えば，「箏が日本独自の楽器や音楽表現である」と思っていた生徒が「中国や韓国にも箏に類似した楽器がある」ことや「箏と琴の違い」などを知ることによって，我が国の伝統的な音楽における固有性，特徴とは何だろうか，と再考することは，還元された知識と共に深い思考を生み出します。その上で，「箏や琴は他の国にもあるけれど，日本独自の特徴としては……があげられ，日本の箏のよさは〜ではないだろうか」と考えることができると，多様性を理解した上での固有性の価値を考えることにつながるでしょう。

（森尻有貴）

63

鑑賞で主体的・協働的に学ぶ指導スキル

鑑賞は芸術作品などを理解して，味わって聴く態度が大切です。学習の展開や活動の方法等を工夫して，学びが深まる授業をめざしましょう。

1　音楽の受容から表現へ

　鑑賞というと音楽を聴いたり，視聴したりする活動が主に思い浮かびますが，音楽を理解して聴くという観点では，受容的な音楽聴取の時間だけでなく，表現の活動を取り入れることも有効的です。

(1)　リズムを打つ・旋律を演奏する・旋律を描く

　楽曲の中の動機や主題のリズム，楽曲全体を通して用いられているリズムパターンや特徴的なリズムなどを手拍子で打ってみたり，太鼓に見立てて指で机を打ってみたりするとよいでしょう。また，特徴的な旋律などは，声域が可能な範囲で歌ってみたり，リコーダーなどで演奏してみたりするとともに，強弱などの表現にも取り組むと，楽曲を聴く時も演奏表現に実感をもつことができます。聴くだけでなく，身体性を伴ってそのリズムや旋律を感じると，音楽を聴いた時も，音楽的特徴をより捉えやすくなります。演奏することが難しい場合は，旋律の動きを線で描いてみたりすることも有効的です。

(2)　曲想や構造を記号や色で表現する

　楽器の音色の特徴やテクスチュア，速度，曲想の変化などを，文章だけでなく，記号（例：鉄琴は星，ティンパニは大きい丸）や色（例：標題音楽の情景変化を色でイメージする）などで表現してみると，視覚的にも楽曲の特徴や曲想を捉えやすくなる場合もあります。文章で書くのが苦手な生徒でも，他の手段での表現方法でもよい，とすると取り組みやすくなります。

2 学習の形態や方法を工夫しましょう

　協働的に学ぶ場面で多く用いられる，グループ活動を例にあげて考えてみます。ここでは2つの手法について紹介します。

(1)　課題解決型学習（PBL：Project Based Learning）

　課題に対して生徒がその具体的な解決方法について考える学習方法です。音楽について調べたり，知識を得たりする過程と，それらをもとに協働的に検討したり，思考したりする過程の両方が大切です。例えば，「海外の人に日本の音楽のよさを理解してもらうためには，どのように紹介すればよいか考えよう」という課題を設定した場合，日本の音楽そのものに対する知識や理解が必要で，それを踏まえた上で，日本の音楽の魅力を分かりやすくプレゼンテーションする創意工夫が必要となります。

(2)　ジグソー法

　学習者同士の協力が必要で，且つジグソーパズルのように個人の学びの責任が集団へ影響する学習方法です。ジグソー法は3段階に分かれています。

①ホームグループ：課題に関してのホームグループを構成し，各メンバーは異なる役割をもちます。例えば，4人グループだったとすると，Aは作曲者について，Bは曲の構成について，Cはその曲が演奏される機会について，Dはその作品の評価について調べる，とします。

②エキスパート活動：他のグループの同じの役割同士が集まり，エキスパートグループを組み（例：Aの役割が全員集まる），同じ内容について調べたり比較検討をしたりして，学びを深めます。

③ジグソー活動：ホームグループに戻り，各役割で行った学習（エキスパート活動）をグループに還元し，課題に関して協力して取り組みます。

　この方法は，課題を解決するために②から③への段階で，自分が学んだことをホームグループのメンバーにプレゼンテーションをする必要があり，理解，議論，合意形成，協力，コミュニケーションなどの力が必要とされます。

（森尻有貴）

64

鑑賞の評価スキル

鑑賞の評価は，学習指導要領では音楽科の目標に沿って，３観点で評価を行います。表現領域では対象としている「技能」は鑑賞の評価対象に含まれません。鑑賞の学習の評価方法や観点について考えていきましょう。

1 評価の方法を考えましょう

　評価の方法は様々なものがあります。学習場面において活動状況を観察する観察法や，ワークシートやペーパーテストなどがあります。ワークシートやペーパーテストは知識や思考力を見るのに活用しやすい，などの特性があるので，学習目標に合わせて選んだり，組み合わせたりするとよいでしょう。ここでは，ポートフォリオ評価とルーブリックを用いた評価を紹介します。

(1) ポートフォリオ評価

　ポートフォリオは生徒の学習記録や作品を集めたもので，生徒自身の自己省察や生徒同士の相互評価なども記録したり，教師のコメントなども残したりします。学習の過程を記録することができるので，生徒の思考力・判断力の変容や，長期間かけて育まれる力を評価するのに適しています。鑑賞の学習では，曲の紹介文や批評文，ワークシート，学習カードなどが学習記録として考えられるでしょう。生徒自身が自らの学習活動を見つめ直し，学習の進歩や課題について自己評価をするのにも活用できます。教師にとっても，教育活動を評価することのできる方法です。

(2) ルーブリック

　ルーブリックを使った評価方法は IB（国際バカロレア：International Baccalaureate）やパフォーマンス評価で用いられています。どこまでできたらどの段階であるか，という評価の基準を教師側が明確にもつことで，一貫性のある評価を目指すことができます。ルーブリックは，題材での学習評

価に活用するだけでなく，1学期はレベル2だった生徒が2学期にはレベル4になった，というように成長の過程を捉える上でも活用できます。表の例の下線部は，前のレベルから追加され，変化している部分です。

表：ルーブリックを用いた評価基準の例

レベル1	速度，強弱，音の高さを含む簡単な言葉で説明できる。
レベル2	速度，強弱，音の高さ，音色，音価，テクスチュアを含む簡単な言葉で説明できる。
レベル3	速度，強弱，音の高さ，音色，音価，テクスチュアを含む簡単な言葉で説明でき，比較することができる。また，それらを聴いて音楽的概念を書き表すことができる。
レベル4	速度，強弱，音の高さ，音色，音価，テクスチュアを含む簡単な言葉で説明でき，比較することができる。音楽の要素を音楽用語として書くことができ，展開や様式の特徴について区別することができる。
レベル5	速度，強弱，音の高さ，音色，音価，テクスチュアを含む簡単な言葉で説明でき，比較することができる。音楽の要素を音楽用語として書くことができ，展開や様式の特徴について区別することができる。聴いた音楽について，音楽的な意見を言うことができ，音楽の価値について批評的に説明できる。

鑑賞

2 多様な評価を活用しましょう

　学習した成果を表す方法は様々です。生徒によっては，文章で書き表すのが得意な場合，口頭でプレゼンテーションをするのが得意な場合，図や絵で書き表すのが得意な場合など，理解したり感じ取ったりしたことを表現する方法にも相違が見られると思います。学習した内容や成果を見るために，多様な機会や可能性を考えてみましょう。多様な評価を組み合わせることは，生徒のもつ能力や学習の成果を，多角的に判断することにつながります。

（森尻有貴）

65

日本民謡の指導スキル

　地元で親しんでいるもの以外では,「ソーラン節」くらいしか思い浮かぶ日本民謡がないかもしれません。しかし日本は狭い国土にあっても民謡の宝庫であり,岩波文庫『日本民謡集』には225曲が収められています。庶民が歌い継いできた民謡の魅力を,生徒と一緒に発掘していきましょう。

1　声（発声）に注目して,話し合ってみましょう

　民謡は,ご当地の人が素朴に歌っている録音を聴くこともできれば,民謡大会などの舞台でセミプロ以上の人が演奏しているものを視聴することもできます。確かに歌であり音楽であると理解しても,生徒の多くは,日頃聴いたり歌ったりしている音楽とは,明らかに性格が違うと思うことでしょう。

　視覚的にも様々な気付きがあるでしょうが,聴覚の気付きとして,声の特徴に焦点を当ててみましょう。「文化デジタルライブラリー」の「日本の伝統音楽　楽器編」→「祭りと民謡」のタブから,全国の有名な民謡23曲の歌唱を,よい録音状態で聴くことができます。「声」に着目していくつか聴いてみましょう。

文化デジタルライブラリー　祭りと民謡
https://www2.ntj.jac.go.jp/dglib/contents/learn/edc6/
edc_new/html/matsuri.html

　合唱のための発声とはずいぶん違いますね。声のつくり方として,何が違うのでしょう？　一方,共通点としてはどのようなことが考えられるでしょうか。固有性と共通性というテーマのもとに,「歌が上手とは,どのようなことだろう」と考えてみることは,題材として興味深いものになるでしょう。

2　歌われる場・歌の果たす役割に注目して調べてみましょう

　中学校の教科書では，民謡を，仕事歌，祝い歌，踊り歌，座興歌，子守歌などに分類しています。歌われる機会と場所は，その民謡がどのような役割を果たすのか，何のためにあるのか，ということと密接に結び付いています。言い換えれば，先人たちがどのような思いで歌い継いできたのか，民謡は人々にどんな力を与えるのか，ということでもあります。そこに思いを馳せることが，何より大切でしょう。

　地元のものでなくとも，他の教科での学習などと関連付けながら1曲について調べてみると，視野が広がり，民謡全般への関心が芽生えます。

3　手拍子に合わせて歌えますか？　拍に注目してみましょう

　上記2と大いに関係しているのが，民謡のリズムです。仕事歌でも，1人でする仕事なのか，大勢でする仕事なのか，ということがリズムに関係します。仕事の内容にも関係します。盆踊りのように，集団で踊るためならば，手拍子足拍子を合わせなければなりません。民謡はそれをつくってきた人々の身体の使い方と密接な関係にあります。そのような視点を立てて，様々な曲について調べてみると面白いでしょう。

　音楽的には，日本の民謡は「拍のあるもの」と「拍のないもの」に分かれます。追分節，馬子唄，牛追唄のように，手拍子に合わせて歌えないものは「拍のないもの」です。産字（生み字）を長く引くところが多いですね。

4　沖縄民謡は，民謡の音階を理解するきっかけになります

　沖縄の民謡，「谷茶前」はドミファソシドという音階でできています。この音階で，ドを主音として，なるべく順次進行で，旋律づくりをしましょう。オキナワンテイストに，音階が大いに関係していることが分かると，他の日本の音階を学習するためにも，よいステップになります。

（阪井恵）

66

郷土の音楽の指導スキル

2011年の東日本大震災の後，復興への気持ちに最も寄与したものは，他ならぬ郷土芸能の再開でした。老若男女，経験の量に関わらず，役割をもてる郷土芸能，自律的な運営の中でも排他的ではない郷土芸能については，音楽的な面に限らず，その丸ごとの在り方と価値に着目してみましょう。

1 地域の方に丸ごと教えていただきましょう

ここでは知名度の高い郷土芸能ではなく，大概の校区にある「○○保存会」が伝承しているような郷土芸能を学ぶ場合に焦点を合わせます。地元に伝承されている芸能や民謡を，その担い手である地域の方々から教えていただきましょう。郷土の芸能のよさに気付くには，総合的なアプローチが望ましく，先生は当該の芸能や民謡について，少し習っておいたり下調べをしたりすることが欠かせません。伝承者の方々がどのように暮らし，その芸能をどのように価値付けているか，役割分担や，道具や衣装のメンテナンス方法などこそ重要です。縁の下の支え手の存在にも留意してください。郷土芸能に対する先生のリスペクトがあってこそ，生徒に気付いてほしい「丸ごとのよさ」が，ゲストティーチャーを通して生徒に伝わります。音楽的な面の習得にこだわらず，郷土芸能への参加の楽しさを重視しましょう。

2 民謡・民舞を授業で学ぶよさを生かしましょう

民謡や民舞は，楽譜や踊りの譜を持たずに伝承されてきたものです。身に付けるためには，師匠や先輩にあたる方のワザを模倣して学ぶ以外にないのです。地域の方から，ひたすら模倣を通して学ぶ経験は，中学生にとって，「音楽の学び方」それ自体を考えてみる経験としても貴重です。

ゲストティーチャーをお招きし，授業で学ぶことにも利点があります。通常は，師匠のワザを1対1で模倣していくものでも，音楽の授業の中で行う

と，生徒同士の気付き，生徒同士の目が働くからです。クラスの雰囲気がよければ，生徒同士で互いに声の出し方や身体の使い方を工夫し，評価し合いながら，楽しく効率よく模倣ができるでしょう。

　中でも地域に伝わり，あるいは保存に努めている「盆踊り」は，音楽（歌）がもともと身体と一体であることを，自ずと学ぶことのできるものです。積極的に取り入れ，夏祭りなど，みんなで歌い踊る機会をもちましょう。

3　授業に向いている祭囃子系の学習や創作

　郷土の芸能の中では，京都の祇園囃子から広がったと言われている祭囃子の音楽が，授業の中で扱いやすいです。なぜなら，通常の祭囃子は，いくつかタイプの異なる曲が連なり組曲のようになっていますが，その中には必ず鉦や太鼓が定型のリズムパターンをもっていて，それを繰り返す曲があるからです。「コンコンチキコン」，「テンテンツクツ」，「スットンスットン」など，口唱歌あるいは「太鼓たたき言葉」などの名称で呼ばれる，鉦や太鼓の叩き方を表す言葉は地域によって異なりますが，そのパターンは比較的簡単で覚えやすいものです。笛は習得に時間がかかるものですが，リズムは短期間で覚えられます。楽器がなければ，口で言うだけでも充分です。

　パターンを習得してしまったら，今度は覚えたパターンを組み合わせてつなげたり，リズムパターン自体を自分たちでつくったりすることにより，創作の活動ができます。だいたい4時間扱いくらいの題材指導計画で，①祭り囃子の概要を理解し，②リズムに重点をおいた学習で決まったパターンを覚えます。その上で③新しいリズムや，その組み合わせを考え，④練習して発表するところまで，できると思われます。

（阪井恵）

67

日本の伝統音楽の指導スキル
その１（雅楽，能楽）

　ここで扱う伝統音楽は，いわば芸術音楽として一定の制度の中で伝承されてきたため，生演奏を視聴する機会は少ないものの，世界につながるルーツと長い歴史をもつ文化遺産です。「文化デジタルライブラリー」のサイトが，分かりやすく詳しい映像や解説を提供しているので，ぜひ活用してください。

1　古代から続く雅楽

　広大なユーラシア大陸の東西をつないで，古代のシルクロードは多様な人種が通商のために移動していました。東の果てにあり，海を隔てている日本列島にも，すでに５世紀半ばくらいから大陸の人がきて，音楽を含む大陸の文化が伝わり始めたのです。鳴り響く音楽は国を治める権力の誇示にとても重要なもので，８世紀初めには，国立芸能学校のようなもの（雅楽寮）が設立されています。752年，奈良の東大寺の大仏の開眼の式典が行われましたが，そこではインドのお坊さんたちまでが参列して，壮大な音楽の演奏が行われたという公式の記録があります。一体どのような音が，鳴り響いたのでしょう？　この人々は何語でコミュニケーションを取っていたのでしょう？歴史好きならずとも，尽きない興味がわき出してきます。

　雅楽は，その頃から脈々と生き残っている音楽です。そこがまた，極めて希少なことです。戦争・内乱や政情の変化があると，伝承を守り切れないのが普通ですが，日本では何とか絶やさないできました。多（おおの）家，東儀（とうぎ）家など，楽人の家系もつながっているのです。

　同時代の西洋音楽はどうだったのかというと，キリスト教のお祈りに節を付けていた程度だったとも言われています。日本の正倉院に残されているとびきり美しい楽器の数々，装束の華やかさ，音楽としては中学生にとって違和感もあるでしょうが，「雅楽という文化」自体が「ものすごく貴重で素晴らしいんだ！」とワクワクしながら紐解くことが肝要かと思います。

2 中世から続く能楽

　能楽は，雅楽とは少し性格が異なり，当時のストリートパフォーマンスのようなものや，庶民が豊作の願いと娯楽的要素を盛り込んでつくった田楽などを取り込んで成立しました。

　「羽衣」は，静岡県の海岸，三保の松原で，漁師が地上に降りてきた天女に遭遇する話です。天女は，漁師から羽衣を返してもらう代わりに美しい舞を披露し，それから次第に天に昇っていきます。愛鷹山（あしたかやま）そして富士山を見下ろしながら去り行く様子が読み込まれた美しい詞章が謡われます。「敦盛」は平家物語に材料を取った能で，まだ10代だった平家の美しい公達（きんだち），敦盛は，一の谷の合戦から敗走する平家の船に乗り遅れてしまいます。源氏の武将，熊谷は行きがかり上その命を取ることとなります。しかし，何という虚しさか。出家した熊谷が敦盛を供養して旅するうち，敦盛の霊に巡り会います。在りし日の敦盛は笛の名手でもあり，一の谷の合戦の前夜，笛の音を敵陣の熊谷も聞いたのでした。教科書で扱われている「中之舞」は，敦盛の繊細で純粋な感性を，能独特の型づけの決まった所作において，シテが優美に表現する舞です。能の舞は，「オヒャーラーヒヒョーウイウリー」などという，おまじないのような笛の唱歌に合わせて稽古するものです。

　教科書で扱われている謡は，「羽衣」も「敦盛」も，１拍１シラブルの「大ノリ」という謡い方を中心にした部分です。「ノリがよい」の「ノリ」は謡からきた言葉で，謡は室町時代のラップ音楽ですね。能楽師のお手本を聴き，拍にのってお腹から声を出してみましょう。一部，大ノリのパターンを逸脱するところ（特に最後の部分）があり，大ノリのリズム進行を収束させます。この微妙なコントロールは謡の醍醐味の１つなので，何とか上手にまねることができたら，名人の素質あり，です。

（阪井恵）

伝統音楽

68

日本の伝統音楽の指導スキル
その２（三味線，歌舞伎，文楽）

近世に発生し発展したジャンルの指導を，前項と同様に「文化デジタルライブラリー」を活用する前提で考えます。西洋音楽の時代区分ではバロック期以降にあたる，ほぼ17世紀からが近世です。260年にわたり戦乱のなかった江戸時代に，歌舞伎，文楽，その他洗練された音楽が生まれました。

1 三味線こそ近世以降の音楽の立役者です

三味線は，1560年頃に琉球（沖縄）経由で大阪に渡来した，中国の三弦（サンシェン）に由来します。沖縄で使われている三線（サンシン）は小ぶりのものが多く，通常ピックを指にはめて爪弾きます。三味線は，最初に受容したのが琵琶法師だったと考えられ，撥の使用や，「サワリ」という特殊なしかけは明らかに琵琶の影響です。近世の日本は三味線音楽の時代と言っても過言ではありません。三味線の種類も音楽の種目もたくさんあります。三味線についての調べ学習は，充実するでしょう。さらに工芸品としての三味線の本来の材料は，現代のテーマ，SDGs に残念ながら逆行しています。この問題も中学生の学習テーマとして有効です。

2 江戸時代以降発展中の歌舞伎

1603年は徳川家康が江戸幕府を開いた年ですが，同年に，「出雲の阿国が京の四条河原で歌舞伎踊りを演じる」という記録があります。これが歌舞伎の始まりとされており，阿国という人は当時のアイドルスター，「歌舞伎」は「かぶく（通常からは逸脱した変わったことをする）」という動詞からきています。江戸時代の到来とともに歌舞伎が発生しました。「文化デジタルライブラリー」のサイトは，歌舞伎の魅力を様々な角度から紹介しています。

芝居としての歌舞伎は，長編で人物が複雑に絡み合うことが多いですが，教科書掲載の「勧進帳」は主題が分かりやすく，物語の進行を歌い込んだ長

唄には，近世以前の伝統音楽・文学のエッセンスが詰まっています。以下は NHK for School からですが，「勧進帳」のコンパクトな説明や日本語リズムの魅力を紹介しており，先生の教材研究にも，大変役立つと思われます。

おはなしのくにクラシック
歌舞伎「勧進帳」

にほんごであそぼ
歌舞伎「勧進帳」

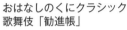

歌舞伎の総合芸術としての魅力を，西洋のオペラ（例えば「アイーダ」）のそれと比較して扱う題材の構想などは面白いでしょう。観客を物語の世界に夢中にさせるため，東西を問わず，惜しみない工夫と労力が注がれていることが分かります。なお，歌舞伎に独特な，見得や六方などの「型」が確立したのは18世紀半ばで，「アイーダ」の初演（1871）より100年も前のことです。

3　文楽では，世界に類を見ない人形と義太夫節の声づかいを

　三味線伴奏による語り物音楽，義太夫節に合わせて上演される文楽も，17世紀後半に誕生しました。文楽は人形遣いといい義太夫節の表現といい，繊細な芸であり，実際に見る機会を得て，少し習ってみたりしないと，その全体的な魅力を捉えるのは難しいかもしれません。人形のつくり方と遣い方の洗練度は世界にも類を見ないものです。

　音楽的な面での題材の一例として，「野崎村の段」における太夫さんの声づかいの多様性に目を向けるとよいでしょう。例えば「魔王」も１人の歌い手が４人の登場人物を歌い分けます。義太夫節も，老若男女の歌い分けが見事です。これは三味線伴奏の語り物音楽の素晴らしい点で，清元や新内ではさらに追求されています。「魔王」の場合とは，歌い分けの技法にどのような違いがあるか，まねにチャレンジしながら考えてみましょう。

（阪井恵）

69

日本の音階の指導スキル

　古代ギリシャ時代から音楽を一種の数学として考え，音高や協和の理論を展開してきた西洋とは異なり，日本の音階理論は確立しているとは言いにくく，考え方にも用語法にも，いくつかの説があります。中学校の授業で日本の音楽の特徴を捉えるため，押さえるべきことを見ていきましょう。

1　教科書に示された４つの音階は開始音が重要です

　教科書に示された「日本の音階」は次のようなものです。下の譜は，開始音を１点ハに置きました。開始音とは，長調・短調であれば「主音」にあたるもので，日本民謡などの場合も，曲は通常「主音」で終わります。

① 民謡音階　　　　　② 都節音階

② 律音階　　　　　　④ 沖縄（琉球）音階

　上の４分類は，1960年代の小泉文夫の理論をもとにしています。この理論は，日本のわらべ歌や民謡では，上の楽譜で言えばC—F，G—Cの完全４度の枠組みは大変強固であること，その間に位置する音の高さに，概ねこの４種類があることを，たくさんの曲を採譜した結果から実証しました。

　しかし実際の音楽では，これらの混合や転調と考えられる現象が多く複雑です。小泉理論は未完成であり，１つの主音という考え方もしていません。

2　日本音楽らしさを出した旋律創作のために

　中学校では，日本の音楽を分析して音階を特定する必要は全くありません。

創作の活動として，日本音楽風の旋律をつくるために典型的な音階に則って
みる，というのが最適でしょう。例えば④沖縄（琉球）音階によって，沖縄
風の旋律づくりをしてみるとします。このような活動の時，「沖縄音階の音
を使い，旋律をつくりましょう。最後の音は，ドにしましょう」というルー
ル設定を見かけます。「主音」が考慮されているという点で，このルールは
適切なものです。しかし結果的に生徒が次のような旋律をつくったら，どう
でしょうか。

　この旋律だと，ルールに則ってはいるものの，ねらいである「沖縄風」を
感じることができません。

　実は①から④の音階は，単に使う音が並んでいるわけではなく，節のつく
り方，音のめぐり方を表してもいるのです。このタイプの旋律創作で生徒を
成功体験に導くためには，もう１つ「音階内で，できるだけ順次進行にする
（隣り合った音，同じ音に進む）」というルールを加えてみましょう。

3　ヨナ（四七）抜きの長音階・短音階の曲を探しましょう

　長調・短調の音階の４番目，７番目の音を抜いた５音音階をヨナ抜き音階
と呼びます。日本人は熱心に西洋音楽を取り入れ学びました。

　しかし，もともともっている音感のせいでしょうか，ヨナ抜き音階による
ものが歌いやすく，たくさん作曲されました（例：「とんび」）昭和の演歌や
童謡（中田喜直作曲「めだかの学校」，大中恩作曲「さっちゃん」など），そ
して今なお J-Pop でも，部分的にはよく使われています。見つけてみてくだ
さい。

（阪井恵）

伝統音楽

70

入学式や卒業式での音楽科教師の貢献スキル

中学校学習指導要領において，入学式や卒業式等は儀式的行事と位置付けられ，その意義が明確に示されています。学校全体で責任をもって取り組む行事ですが，音楽科教師の関わりは深く，音楽科教師はそのことを十分に理解し，適正で充実した行事の実施に貢献していきましょう。

1　入学式における音楽科教師の役割

(1)　儀式的行事における国歌斉唱と音楽科教師の役割

　入学式や卒業式などにおいては，その意義を踏まえ，国歌を斉唱するよう指導する，と学習指導要領に定められています。

　新入学生徒も小学校在籍当時に儀式の度にきちんと歌える状態にあると思いますが，予行練習もなく，緊張しがちな式においては，上級生や教職員が充実した斉唱を行い，入学式の開会を厳粛で清新な雰囲気で包めるよう貢献しましょう。

(2)　校歌の紹介と音楽科教師の役割

　入学式は，新しく入学した生徒が初めて校歌に接する場面です。上級生や教職員の充実した歌唱により，新入学生徒を包み込むように表現できるように，事前練習や予行練習において十分に準備をしておきましょう。

2　卒業式の式歌は，式の充実に大きく関わります

(1)　演奏表現の充実は，式の意味を理解させ動機を高めることから

　中学生はその発達段階において，普段の音楽の授業では歌唱の学習に意欲的に参加できている生徒も，儀式等の場面では十分な歌唱表現ができないことがしばしばあります。その原因の1つとして，授業とは違った整列隊形のために十分な発声ができないことが考えられます。

　音楽科教師はそういった生徒の心情や内面を理解し，事前の学習では儀式

の意義等をしっかりと理解させることが大切です。生徒が主体的に儀式に臨む態度を育成するために，授業や事前指導等を効果的に実施し，整列隊形等の歌う環境が変わっても堂々と歌唱表現ができる生徒を育成しましょう。

(2) 授業における事前学習の充実

入学式や卒業式の式次第においては，国歌以外に校歌をはじめ，それぞれの自治体が制定した市歌等の斉唱が行われます。音楽の授業においては，それらの曲を儀式において歌う意味や意義を丁寧に指導しましょう。

自治体の市歌等については，制定の背景等を学習することによってそれぞれの自治体の歴史や発展について理解を深めることができ，郷土を愛する心情を育むことができます。

3 卒業式の式歌の選定と音楽科教師の関わり

(1) 卒業式実施要項の作成と音楽科教師の関わり

国歌，校歌以外の式歌の選定に，音楽科教師は深く関わります，12月頃には卒業式の実施要項が作成されます。その作成の過程において，音楽科教師は式歌の提案に大きく関わります。前年度までの式歌の選定を十分に考慮しつつ，儀式的行事の趣旨に則った式歌を提案し，学校全体として共通理解につなげましょう。

(2) 卒業式の趣旨に則り式歌を選定します

音楽の授業や，学校全体の音楽活動が豊かな学校ほど卒業式の式歌の曲数が多くなる傾向があります。国歌，校歌以外の曲の選定にあたっては，儀式的行事の趣旨を十分に踏まえ選定する必要があります。

また，卒業式に歌う曲は卒業生自身が中学校を卒業していく喜びを実感でき，かつ，卒業式に参列している全ての人もその喜びを共有し，会場全体が巣立っていく卒業生に対し祝意を表現できる曲を選定しなければなりません。学校ごとに特色を生かすとよいでしょう。

（内野雅晶）

71

校内合唱コンクールや合唱祭の成功スキル
その1

音楽の授業以外で音楽科教師が活躍し，学校の教育活動に貢献する場面として，合唱コンクールや合唱祭をあげることができます。音楽科教師がこれらの行事に関わるウェイトはとても大きいものがありますが，学校全体で取り組む行事ですので，自身の役割を明確にしておくことが大切です。

1 音楽科の教科指導と特別活動の教育課程上の位置付け

(1) 教科学習における合唱コンクールの位置付け

合唱コンクールは，学習指導要領における音楽科の歌唱の学習内容と深く関係することは言うまでもありません。豊かな表現活動を目指して合唱コンクールを実りあるものにしましょう。

(2) 特別活動としての合唱コンクールの位置付け

合唱コンクールは教育課程上，特別活動における文化的行事に位置付くものです。すなわち，特別活動のねらいを実現するために，音楽科の授業や音楽科の教師がその役割の一部分を担っているのです。

2 合唱コンクールと音楽科教科指導の課題

(1) 学校の特色ある行事としての合唱コンクールについて

多くの中学校では，合唱コンクールや合唱祭が全校行事として設定されています。また，学芸発表会や文化祭のプログラムに学級を単位とした合唱の発表が含まれていることもあります。これらは学校の特色を表す伝統行事として重要な教育的意味をもっています。その歴史は，古くは昭和の時代に遡り，各中学校に保管してある卒業アルバムを確認すれば，その起点が分かることでしょう。

(2) 音楽科授業時数の変遷と合唱コンクールの関わり

　音楽科としての授業時数は学校教育法施行規則に定められています。

　特別活動としての合唱コンクールを実施するために，音楽科の授業で，合唱コンクールで歌う曲を教材として用いる場合は，それに充てる時数は適正でなければなりません。中学校2，3年生の授業時数は年間それぞれ35時間です。週あたり1時間の授業時数の中，合唱コンクールで歌う曲の活動にどの程度充てるかを，年間指導計画に明確に記さなければなりません。週あたり2時間の音楽の授業が設定されていたときから合唱コンクールは存在します。年間を通じて音楽科の指導がバランスよく行われるよう留意しましょう。

　課題曲を設定しないことも効率化につながります。自由曲のみでも充実した合唱コンクールが期待できます。練習に費やす時間を縮減できるだけでなく，クラスの実態に応じた曲を選択することにより，かえって豊かな表現を追求できるというメリットがあることでしょう。

3　学級担任との連携

(1) 生徒が主体的に活動できる体制づくり

　一般的に合唱コンクールの準備過程や行事の実施において，生徒による実行委員会が組織されます。学級担任と連携して人選にあたりましょう。

(2) 学級活動と学級担任の役割

　合唱コンクールの実施にあたり，学級担任との連携は欠かせません。合唱コンクールは特別活動における行事としての位置付けがあり，学級での練習においては学級担任がその当事者となります。生徒の主体性を生かした活動を基本としますが，学級練習の手順や約束事，係生徒の生かし方等をあらかじめ担任教師に知らせるなど，学級担任への配慮を忘れないようにしましょう。

（内野雅晶）

行事／部活動

72

校内合唱コンクールや合唱祭の成功スキル
その2

> 合唱コンクールは学校全体で取り組む行事であることは，前頁で理解されたと思います。ここでは，音楽科教師として本領を発揮する部分に焦点を当てます。具体的な取り組みは，前年度までに完成された流れが参考となります。前年度の実施要項を十分に理解し，当年度の準備を進めましょう。

1 合唱コンクールを運営する生徒組織づくり

⑴ 実行委員会の設置

中学校の発達段階では，生徒が学校行事を主体的に運営することが十分に可能です。各クラスより2名程度を選出し，委員会を組織するのが一般的です。委員会の運営への助言・指導は，音楽科以外の教師にお願いしましょう。

2 指揮者・伴奏者の決定と音楽的指導

⑴ 決定方法について

指揮者，伴奏者ともに合唱曲の演奏上，重要な役割を担います。音楽面での役割を果たす能力等があるかを，人選を行う前に見極めることが大切です。次のような要件が求められることを，授業を通じて全員に理解させるプロセスが欠かせません。

① 指揮者

学級内での人望がある生徒が担うことが多いと思います。しかし，それだけでは曲をまとめることができない事態が懸念されます。授業において，指揮について全員で学習し，指揮のポイントを十分に理解した上で，立候補や生徒間の互選により決定しましょう。

② 伴奏者

基本的には立候補者が担うことになるでしょう。しかし，学級内に複数以上の立候補者がいることもあれば，全く該当者がいないことも考えられます。

学級編成の際に，ピアノ伴奏が可能な生徒をバランスよく各学級に分散させることが肝要です。

　また，伴奏者の演奏技量によっては，合唱曲の伴奏が務まらないこともあります。自由曲の選択の際に考慮しましょう。

(2)　**音楽的指導**について

①　指揮者

　放課後等に指揮者を全員招集し，指揮者講習会を実施することが有効です。経験が豊富な３年生や２年生の指揮者の様子を１年生が見学することは，とても刺激になりモチベーションが上がることでしょう。

②　伴奏者

　基本的には個別指導が適当です。課題曲については音楽的解釈が共通しますから，指揮者と同様に一斉に講習会をもつことも考えられます。

3　パートリーダーの育成

(1)　パートリーダーの役割と人選

　パートリーダーには，そのパートの練習が円滑に行えるよう，文字通りリードする役割があります。音楽的素養等も求められますから，人選は安易に互選をするのではなく，丁寧に行いましょう。

(2)　パートリーダーの育成について

　パートリーダーがその役割を果たすためには，その具体を指導する必要があります。学級活動の時間の練習では，限られた時間での練習手順をマニュアル化しておくことも有効です。パートリーダーが合唱部員ならば，音楽的なリードも可能ですが，そうでない生徒には限界があります。練習が必要な部分の洗い出しはパート内の全員が行うなど，パート練習の進行役に徹することも１つの方法です。

（内野雅晶）

73

文化祭など文化的行事での貢献スキル

「文化祭」は学習指導要領において，文化的行事の１つの例として示されています。日頃の学習や活動の成果を発表したり，鑑賞したりする機会です。「祭」という言葉から，楽しければ何でもできる，と勘違いされることもありますから，「学芸発表会」と名称を変更することも有効です。

1　学芸発表会や文化祭の運営に積極的に関わりましょう

学芸発表会や文化祭といった文化的行事は，運動会や体育祭に代表される体育的行事とともに，生徒の健全な成長に欠くことができません。音楽科教師は文化的行事にも体育的行事にも深く関わりますが，芸術面での教育活動の成果を発表できる場として，積極的に取り組みましょう。

2　音楽科授業の発表の場として行事と連携させましょう

日々の授業において生徒が取り組んでいる音楽表現を，音楽室以外で発表する機会を設定することはなかなかできません。学芸発表会等の機会を教科指導と関連付けて取り組んでみましょう。学年単位等での参加は，発表に向けた指導に生徒指導等の課題もありますから，学年主任とよく相談して，学年組織として取り組む体制を確立しましょう。また，授業を通じて興味や関心が高まった生徒を任意で募る，意欲的な集団での発表は発表の質が高まり，鑑賞面においての意味も期待できますから，積極的に取り組んでみましょう。

(1) **表現領域**

① リコーダーアンサンブル

中学校に入学すると，生徒全員がアルトリコーダーを購入することが多いと思います。しかし，音楽科の年間指導計画において，その学習に充てる時間は決して十分とは言えない現状があります。授業を通じて興味や関心が高い生徒を任意で募集し，アルト以外のリコーダーも活用してリコーダー合奏やアンサンブルを発表してみましょう。

② 和楽器演奏

中学校では3学年間に1種類以上の和楽器を，表現活動として学習します。リコーダーと同様に，授業をきっかけにして任意の参加生徒を募り練習し，発表の場とすることが可能です。そのような活動を通じて，我が国や郷土の伝統音楽に愛着をもつことができる生徒を育むことが期待できます。

③ 創作

創作では，音の選択や組み合わせなどの技能を身に付ける学習過程において記譜を伴うこともありますが，音符や記号にこだわらない自由な形式での模式的な図等でまとめることもあります。教室での展示発表を兼ねて，つくった作品をミニコンサート的に演奏発表することもできます。

(2) **鑑賞領域**

学芸発表会の実施形態として，体育館等でのステージ発表だけでなく，教室や校内の様々なスペースを活用した展示発表が設定されることも一般的です。各教科の学習成果の発表の一環として，音楽科の展示発表も工夫してみましょう。

一例として，鑑賞曲のイメージ画の展示が考えられます。音楽科の鑑賞の学習を美術科の学習の技能面と関連付けて，鑑賞曲のイメージ画を作成することも可能です。上級生のイメージ画を鑑賞することにより，次年度以降の音楽科の学習への関心が高まることが期待できます。なお，美術科との横断的な学習を行うためには，両方の教科の年間指導計画に位置付けることが必要です。

（内野雅晶）

74

様々な行事での貢献スキル

音楽科教師として中学校に勤務していると，様々な行事に音楽科の教師が関わっていることを実感すると思います。全校行事に深く関われる立場であることを音楽科教師の利点と捉えることが大切です。授業時数は限られていますが，行事を通じて全校の生徒と関わることができます。

1 「始業式」や「終業式」と音楽科教師の役割

始業式や終業式では校歌を斉唱することが一般的です。儀式的行事にふさわしい清新な気持ちで生徒たちが校歌を歌うことができるように，音楽科教師は大きく関わりますが，充実した歌唱を実現し，学校運営に貢献していきましょう。

中学校の現実的な課題として，これらの儀式における校歌の演奏が，適切な声量が得られず，式にふさわしい歌唱でないこともあります。音楽科教師として，生徒が心を込めて校歌を演奏できるための次の要件を参考にしてみてください。

・生徒自身に，校歌を大切しようとする心情が育っている
・全ての教職員が生徒と一緒に歌っている
・上級生がしっかりと声を出している
・生徒指揮者は歌いながら指揮をしている
・歌う意欲が高まるように吹奏楽伴奏を工夫している

2 「対面式」や「卒業生を送る会」と音楽科教師の関わり

(1) 対面式と音楽科教師の関わり

対面式の次第に「校歌紹介」を設定しましょう。工夫点としては，単に上級生が演奏し，新入学生がそれを聴くだけではなく，生徒会役員が歌詞の内容や校歌誕生の歴史等を説明できれば，単なる校歌紹介ではなく，新入学生

が愛校心をもって校歌と向き合う最初の機会となることでしょう。生徒にとって音楽の授業で校歌を学習する際の重要なモチベーションとなり，3年間の中学校生活と校歌の関わりを決定づけるほどの意味をもつことでしょう。音楽科教師として，対面式の価値を大切にしましょう。

(2) 卒業生を送る会と音楽科教師の関わり

卒業生を送る会は学習指導要領の特別活動における行事の位置付けです。企画や実施の主体となるのは生活指導分掌の生徒会担当教員が担うことが多いです。音楽科教師は在校生の合唱演奏や3年生の返礼合唱に関わります。吹奏楽部の演奏披露も会を一層盛り上げるので，吹奏楽部を指導している音楽科教師は，吹奏楽部の年間練習計画にこの会の演奏曲を組み込みましょう。

3 体育的行事や宿泊行事と音楽科教師の関わり

(1) 運動会と音楽科教師の関わり

吹奏楽部がある中学校の運動会では，開会式や閉会式において吹奏楽演奏が会のムードを一気に盛り上げます。入場行進曲，国歌，校歌，得賞歌，ドラムマーチ等，堂々とした演奏を期待したいものです。式の進行と演奏開始のタイミングを綿密に打ち合わせましょう。また，多くの表彰が連続する流れでは，得賞歌の演奏をその都度止めずに，ダイナミクスの増減で演奏したほうがスマートです。

(2) 林間学校等におけるキャンプファイアーと音楽科教師の関わり

林間学校中のイベントなどにキャンプファイアーを設定することがあります。「遠き山に日は落ちて」「燃えろよ燃えろ」などの定番曲は親しみやすい曲ですが，歌詞に不安があると，歌いたくても声が出ません。一回でも事前に練習しておくと違いがあります。小学校段階で歌った経験がないこともあるので，林間学校のしおりに歌詞を掲載するなどして，せっかくのキャンプファイアーを盛り上げましょう。

（内野雅晶）

行事／部活動

75

合唱部の指導スキル

> 合唱部があると中学校の生活全体が豊かな空気に包まれます。合唱部員が音楽の授業や合唱コンクール等でのリーダー的な役割を担ってくれたり，儀式等の歌唱においても式全体の雰囲気を盛り上げてくれたりします。合唱部の顧問として，その指導スキルを身に付け，学校全体に豊かな歌声を響かせましょう。

1 合唱部の指導スキルの基本

(1) 合唱部の音楽表現の追求は音楽科教師の冥利

授業における合唱表現の追求と合唱部のそれは，到達目標に大きな違いがあります。もともと合唱が好きな生徒とともに音楽づくりができることは音楽科教師として冥利に尽きることでしょう。部員は各クラスに所属しているため，音楽の授業や合唱コンクール等における豊かな演奏表現の実現に，間接的につながっています。

(2) 表現の工夫に対する徹底的なこだわり

演奏表現の解釈は，合唱部顧問である音楽科教師に大きな責任があります。十分に掘り下げた演奏を追求しなければ，活動はマンネリ化してしまいます。教師自身が様々な合唱演奏に触れ，めざすべき演奏のイメージの確立が求められます。そうした教師の姿に影響を受け，生徒たちもより質の高い音楽表現をめざすようになります。つまり，演奏表現のクオリティは教師次第といっても過言ではないのです。

(3) コンクールへの参加

NHK学校音楽コンクール等の全国規模のコンクールへの参加は，合唱部員にとって大きな励みになるだけでなく，音楽科教師としての自己研鑽のきっかけを得る機会となります。部員の人数等の多少に関わらず，コンクールに参加してみることによって，活動や演奏の幅が確実に向上することでしょう。

2 合唱部のための発声法指導の研究

(1) 声楽専攻の音楽教師

　教師が学生時代に専攻した種目が声楽であれば，発声法指導に困ることはないはずです。しかし，オペラのアリア等，独唱主体のレッスンを積んできていることから，中学生の合唱表現にふさわしい発声法かどうか，発声法の研究を怠ってはいけません。美しいハーモニーにつながる発声法を習得しましょう。

(2) 声楽専攻以外の音楽教師

　(1)に対して，器楽等を専攻していた人は，中学生にふさわしい発声法とは何かについて，指導者講習会等に参加して学んでみましょう。また，同じ地区内の音楽科の教師の中に合唱指導に造詣が深い人がいれば，直接，指導を仰ぐのもよいかもしれません。

3 歌声のある学校づくりへの貢献

(1) 全校で歌い上げる校歌等演奏への期待

　儀式等において国歌や校歌をどのように演奏できるかは，音楽科教師の関与によるところが大きいです。とりわけ校歌は，声量のみならず，豊かな表現をもって歌うことができるならば，愛校心が生徒に育まれることでしょう。そのきっかけとして，合唱部の存在が大きく関わります。合唱部員のみが豊かな演奏表現をすることにとどまらず，全校生徒によるまとまりのある合唱を，ぜひ実現しましょう。

(2) 校内合唱コンクールと合唱部員への期待

　合唱部員は日頃の部活動の成果により，合唱曲の演奏解釈をすることができるはずです。学級のリーダーとして全体の響きや各声部の声を聴きながら他者と合わせて歌うことにより，クラス合唱がより美しいものになることでしょう。

（内野雅晶）

行事／部活動

76

吹奏楽部の指導スキル

　吹奏楽部の存在は，中学校の教育活動全体に大きく関与します。音楽科教師として充実感や達成感を自覚できる反面，指導に要する時間も多くなりがちです。教師の働き方改革の趣旨を踏まえ，効率のよい活動方法を見出し，生徒とともに充実した吹奏楽部活動を行いましょう。

1　楽器演奏の初心者への指導の在り方

(1)　新入部員への指導は丁寧に

　中学校に入学して吹奏楽部に入部する生徒は，楽器演奏そのものや全体での合奏に憧れの気持ちをもっています。しかし，中学校入学前の音楽体験は様々で，管楽器等の演奏経験の有無は二分されます。全くの初心者をいかに大切に育成するかに重点を置く必要があります。

(2)　上級生部員のパート指導の在り方

　各パートの指導を顧問教師が１人で行うことは不可能です。上級生部員にパート指導の基本方針を丁寧に伝え，新入部員が吹奏楽部活動を心待ちにして中学校に通学するような活動をめざしたいものです。

2　器楽指導の技術が求められる吹奏楽指導

(1)　教師自身も楽器演奏技術を身に付けましょう

　音楽科教師をめざすきっかけが，中学高校時代の吹奏楽部活動という話は珍しくありません。しかし，新規採用の教師となって初めて吹奏楽と向き合う音楽科教師の割合もかなりのものです。これまで吹奏楽部を活動させてきた前任の顧問の取組を継承することを基本に，自分自身も主体的に吹奏楽部を運営していかなければなりません。そのためには，楽器の種類は問わず，いろいろな楽器の演奏を試みてみることをおすすめします。表面的な指導を生徒は受け入れません。新入部員と一緒に楽器奏法の習得に向き合う教師こ

そ，生徒たちは受け入れてくれることでしょう。

(2)　指導者講習会等への積極的な参加

　年間を通じて吹奏楽の指導者講習会は開催されています。経費がかかりますが，教育者としての自己投資であり，見えない財産として教師人生が豊かになります。また，講習会では多くの人との出会いがあり，地区を超えたネットワークができることも魅力です。

3　コンクールへの向き合い方

(1)　演奏技術の向上

　吹奏楽部の演奏技術の向上は，優れた演奏との出会いが動機となります。多くの他校の演奏を聴くことで，音楽的な感性が高まったり，表現の幅を広げるきっかけとなったりします。

(2)　指導技術の向上

　指導者である顧問教師も他校の演奏を聴くことにより，大きな刺激を受けることになります。自身の吹奏楽指導の改善点を見出すきっかけとなり，次第に指導技量が上がっていくものです。

(3)　部活動ガイドラインを遵守しましょう

　教師の働き方改革の一環として，部活動のガイドラインが制定され，運動部のみならず，文化部にもそれが適用されています。活動内容等を工夫し，効率のよい活動をめざしましょう。

4　吹奏楽部活動と地域貢献

　吹奏楽部の活動の魅力は，人との関わりにあることを大切にしたいものです。地域の祭礼，奉仕活動での街頭演奏，福祉施設や幼稚園等への訪問演奏等の機会を年間の吹奏楽部の活動に取り入れることにより，活動の質が向上します。

（内野雅晶）

行事／部活動

77

多様な音楽系部活動の指導スキル

> この項目では，合唱部や吹奏楽部以外の音楽系の部活動の指導について触れています。例えば，オーケストラ部，ギター部，マンドリン部，箏曲部，和太鼓部などを想定しています。音楽科教師としての幅を広げることにつながりますから，積極的にチャレンジしてみましょう。

1 大切にしたい特色ある部活動

(1) 学校としての伝統活動を大切にしたい

　本項目で取り上げる部活動の例は，一般的に設置してあるものではありません。学校ごとに，設置したときの事情やいきさつ等があり，今日まで特色ある教育活動として継続していると言えます。

(2) 軌道に乗っている活動に教師も意欲的に加わりましょう

　伝統ある部活動でもありますので，活動の運営は軌道に乗っていることと思います。音楽科教師の役割等について，前任者からの引継ぎを確実に行うことが大切です。専門性が高い活動ですから，地域の指導者等が活動を支えてくださっていることが多いので，部活動顧問として，そして音楽科教師としてどのような役割が求められているのかを確認して，意欲的に活動に関わりましょう。

2 楽器の奏法や実技面での指導技術を身に付けるチャンスです

(1) 楽器の奏法を習得しましょう

　先に述べた部活動に関する楽器について，その奏法を身に付けている音楽科教師は，これまで何らかの機会を通じて，あるいは出身大学の講座や同好会等に身を置いていたことと思います。存分にその経験を生かしてほしいと思います。

　一方，そのような経験がない方が少なくないと思いますので，ゼロから始

める初心者として，楽器奏法の基礎から習得してみましょう。

(2) 指導技術は少しずつ身に付けましょう

その部活動が扱う楽器の奏法の習熟が十分ではないからといって，指導ができないわけではありません。一般的に吹奏楽部の指導において，全ての指導者が全ての楽器の奏法を習熟しているとは限りません。そのことを応用してみましょう。オーケストラであれば，生徒コンサートマスターやセクションリーダーをはじめとする活動を円滑にする組織ができているはずです。その上で，音楽科教師はこれまで自身が身に付けてきた音楽性をフルに発揮し，これまで関わりのなかったジャンルの音楽の演奏表現について，合奏等の指揮を通じて本領を発揮してみましょう。

3 地域や我が国の伝統音楽との関わり

行事／部活動

(1) 地域の伝統音楽としての中学校への期待

地域の祭礼等において，地域に根差したお囃子が奏でられていることがあります。そのほとんどが，長年にわたりその地域の歴史と深く関わっており，伝承していかなければならない文化的な価値があるものばかりです。それゆえ，全国的な少子化の実態や地方ごとの過疎化の現状に鑑みると，地域の学校に寄せる期待は大きいのです。

(2) 地域人材の学校への招聘

部活動の指導において，生徒が本物の演奏に触れることができれば，それはとても意味深い活動になります。地域の伝統音楽保存会や教育委員会の担当課に連絡を取ることで，伝統音楽の伝承活動をしている団体や人材を紹介してもらえるかもしれません。

部活動のみならず音楽科の授業においても，伝統音楽の外部講師として学校の教育活動を強力に支援していただけることが期待できます。

（内野雅晶）

78

校内研究等でのスキルアップ

各中学校にはそれぞれ校内研究のテーマが設定されるものです。地区教育委員会が指定した研究や校内の研究推進委員会が設定した研究などがあります。教員は研究と修養に努める使命がありますから，積極的に研究に向き合いましょう。校内研究等は音楽科教師のスキルアップを図るためのチャンスです。

1 研究校としての実践研究は，教師力向上の大チャンス

(1) 中学校における一般的な研究の種類

① 教科横断型の研究（カリキュラム・マネジメント）

カリキュラム・マネジメントを推進するために，複数の教科の単元や題材を，教科等横断的な視点で関連付けた指導の在り方などについて研究します。音楽科の関わりについて研究を深めることができます。

② 特定の教科，領域等の研究

生徒の実態等に応じ，特定の教科等に重心をかけた研究を行うことがあります。学力調査から得られる特定の教科の重点的研究，体力調査から得られる体育実技指導の改善，問題行動調査からは，いじめや不登校等の未然防止や早期改善を目指した研究などがあります。

③ デジタル教科書の活用等，今日的教育課題についての研究

国の GIGA スクール構想の実現により，児童生徒全員分のタブレット端末が各学校に配布されつつあります。デジタル教科書の活用も進行しています。その活用スキル等の研究が各校に求められています。

2 校内での個人研究

(1) 自分で研究テーマを設定して行う

地区教育研究会との関連もありますが，音楽科の指導について自分で追究したいテーマを設定できることが利点です。時間設定等，自由で納得のいく

研究を通じて多くのことを得ることができ，日々の授業に還元できます。

(2) 自己申告における目標設定

　教職員人事評価制度に基づき，毎年度，自己申告書を管理職に提出します。学習指導の項目については，１年間かけて追究し，実現したい音楽科指導の具体を記入します。そのことはすなわち，１年間かけて行う個人研究とも言えます。意欲的に取り組んでみましょう。

3　県教育委員会等での研究への参加

(1) 県教委主体の研究の魅力

　教師としてキャリアを重ねていく過程で，県教委等が主体となった研究に参加してみましょう。県内各地から推薦を受けた教師同士による共同研究は，教科研究の成果を高度に体得させてくれます。東京都では「東京教師道場」「教育研究員」「教員研究生」等の研究制度がありますが，各地区の制度について調べてみましょう。

(2) 仮説に対する検証授業が研究の神髄

　研究の後半では，仮説の実現状況を把握するために検証授業を実施します。研究協議を深めて検証授業を重ねることによって研究課題の解決が明らかになります。この過程が研究の醍醐味であり，音楽科教師として進んで検証授業に挑みましょう。

(3) 研究紀要の執筆を通じた研究成果の整理

　このような研究は様々な行政的な支援があって行われています。研究の成果を各学校に伝達するために，研究の内容等をまとめた研究紀要を作成するとともに研究発表会を開催し，研究の成果等を公開します。自らの研究の内容や成果を整理するための紀要の執筆は，教師としての力量向上をより確かなものにしてくれます。

（内野雅晶）

研修

79

地域の教科研究会でのスキルアップ

　各地域には，教員による自主的な研究機関である，○○市教育研究会等が設置されています。「市教研」などと略して呼ぶことが多いものです。教員同士が共通の教育課題に向き合ったり，新しい教育手法等を学んだりする絶好の機会です。積極的に参加して，音楽科教師としてのスキルアップにつなげましょう。

1　地区教育研究会等への積極的な参加

(1)　研究と修養に努めましょう

　教師になった以上，退職するその日までこの気持ちを忘れてはいけません。その絶好の機会となるのが，地区教育研究会等への参加です。

(2)　忙しい日々においても，研究の時間と機会が得られるのです

　地区の研究会が主催する講演会や研究会等は，同日に一斉に行われることが一般的です。音楽科教師の横のつながりを深め，情報交換等を行う場として積極的に関わりましょう。

2　県や全国レベルの研究大会等への参加

(1)　地区教育研究会等からの派遣

　地区教育委員会等から推薦を受けて，地域の代表として大規模な研究会に参加できるかもしれません。音楽科教師としてのスキルアップの絶好の機会となりますから，感謝の気持ちをもって積極的に参加してみましょう。

(2)　校内の管外出張者としての参加

　学校には他県等の研究会に参加するために，管外出張旅費が配当されていることがあります。もし，その該当者に指名されたら，学校の代表として音楽科の発表に限定することなく，学校全体に関わる新しい教育課題等の分科会にも参加してみましょう。

(3) 大会参加の後には，復命することを忘れずに

　大会参加後には復命することを忘れてはなりません。これは，研究大会の発表内容を参加者個人の利益に留めず，校内や地区研究会等に還元しなければ出張させていただいた意味がないからです。研究紀要や指導案を購入してくるだけでなく，研究協議会の協議事項や，講師や助言者の講演・講評等についても要点をまとめて報告する必要があります。

3 研究授業に参加するときの約束事

(1) 事前に研究授業の内容を調べておきましょう

　研究会の開催通知には研究授業の内容が記されています。着目すべきは授業の内容です。題材や教材，そして研究テーマを正確に把握しましょう。自分なりの指導案等を作成してから臨むくらいの姿勢が大切です。

(2) 持参するものについて

　日々，授業で使用している教科書を持参しましょう。学習指導要領の解説を持参することも忘れないようにしましょう。また，多数の教員が参加する研究会であれば，上履きを持参することがマナーです。

(3) 授業を参観するうえでの注意事項

　参観者が授業の邪魔になることは極力避けなければなりません。生徒に声をかけてはいけません。ティームティーチングではなく，授業者1人で50分の授業を実施することを計画しています。参観者が生徒に声をかけることは，生徒が自ら思考を深める機会を奪うことになりかねません。また，生徒の中に入って行ってワークシートを覗き込んだりすることも慎みたいものです。協議会場で拡大投影して見ることができることでしょう。

(4) 研究協議会で心がけたいこと

　研究協議会では，同感でも違う考えでも，必ず自分の考えを述べましょう。それが授業者の研究に対する敬意と感謝の意思表示となります。また発言は，研究テーマに沿って本時のねらいの実現状況等に関して行い，関係のない視点や個人的な単なる感想は，限られた時間での協議会には不要です。

（内野雅晶）

研修

80

学会等への積極的な参加

P172に掲載した研究会や，少数の方々で構成される研究会，そして学会など，学びの場がいろいろあります。多忙と言われる中学校音楽の先生方だからこそ，ご自身の学びたい事柄やライフスタイルに合わせて，機会を見出し積極的に学んでほしいと思います。ここでは主として学会についてお伝えします。

1 まずは大会に行き，研究発表から学びましょう

音楽や音楽教育に関係する学会を調べてみましょう。多くは毎年全国大会を行っています。学会員でなくても，見たり，発表者に質問したりすることが可能な場合もあります。有料の場合がありますが，教師が参加しやすい時期に行われていることが多いので，興味をもった学会の大会に行ってみましょう。

2 学会員になりたいと思ったら

所属会員の紹介が必要な学会が多いので，知り合いの会員や出身大学の先生方に紹介者になっていただきましょう。繰り返し大会や地区大会等に参加していく中で，研究の方向性や内容に共感する会員とも知り合いになることができます。一緒に研究したいという気持ちになる会員と出会うかもしれません。そのような会員に紹介していただき，会員となって積極的に発表をしている中学校教員の方々もいらっしゃいます。

3 各学会の研究倫理の遵守をしましょう

研究に関する不正を防止するために，各学会では人権を尊重すること，データ等の捏造や盗用等の禁止などの研究倫理遵守のための規定を設定しています。熟読し，研究を進める指針としましょう。なお，大会に参加するだけの場合でも，発表から得た児童生徒の情報に関する人権を尊重するなどの研

究倫理の遵守が重要です。

4 人を対象とする研究倫理の理解が重要です

　学校教育に関する研究は，人を対象とすることがほとんどです。人を対象とする研究の研究倫理はとりわけ重視されています。各大学では人を対象とする研究を審査する委員会を設定し，許可された研究のみ行うことができる仕組みをつくっています。

　高等学校までの諸学校では，学校内で研究倫理の規定を設けていない場合があるかもしれません。まず，大学教員とともに研究をすることで，人を対象とする研究倫理の理解を深めてはいかがでしょうか。

5 研究倫理の研修を受けましょう

　4で述べたように人を対象とする研究はとりわけ留意点が多くありますが，その中で，「人を対象とする研究の研修の受講」を研究許可の条件としていることが多くあります。筆者は，学内での研修の他，eラーニングを受講して，条件をクリアするようにしています。コロナ禍でのeラーニングはとても有効でした。

6 ルールを守り，生徒の成長のために積極的に学会での研修，研究を

　ここまで述べたように，研究のために守るべきルールや取り組むべき事柄があります。それらを大切にしながら，学会等で学ぶことや自ら研究して公表することは，必ず授業改善と生徒の資質・能力の向上につながります。学校教育に関する研究は実践的であることが重要です。理論と実践の往還を大切にする上で，中学校等に勤務されている先生方の参画には大きな意味があります。様々な分野の研究者，実演家，実践者の方々が対等の立場で参加して成果をあげている事例も少なくありません。ぜひ積極的に取り組んでください。

（酒井美恵子）

【編著者紹介】

大熊　信彦（おおくま　のぶひこ）

群馬県立高等学校教諭，県指導主事，国立教育政策研究所教育課程調査官／文部科学省教科調査官，県総合教育センター副所長，県立高等学校校長等を経て現在，東邦音楽大学特任教授。

酒井　美恵子（さかい　みえこ）

国立音楽大学ピアノ専攻卒業。東京都の音楽科教諭及び指導主事を経て現在，国立音楽大学教授。小中学校の音楽授業に役立つ著書を多数執筆。

【執筆者一覧】

大熊　信彦	東邦音楽大学特任教授
酒井美恵子	国立音楽大学教授
上野　正直	熊本市立北部中学校校長
内野　雅晶	江戸川区立葛西小学校・葛西中学校統括校長
阪井　恵	明星大学教授
瀧川　淳	国立音楽大学准教授
太宰　信也	淑徳大学兼任講師
宮本　憲二	尚美学園大学大学院教授
森尻　有貴	東京学芸大学准教授
北見　響	東京学芸大学教職大学院学生
中内　悠介	東京学芸大学附属世田谷中学校教諭
鶴岡　翔太	目白研心中学校・高等学校講師
浅田　裕	東京都教育庁指導部指導企画課統括指導主事
稲　満美	世田谷区立尾山台中学校副校長
清水　直子	目白研心中学校・高等学校教諭，芸術科主任

中学校音楽サポートBOOKS

中学校音楽科教師のための授業づくりスキル
コンプリートガイド

2021年10月初版第1刷刊　Ⓒ編著者　大熊信彦　・　酒井美恵子
発行者　藤　原　光　政
発行所　明治図書出版株式会社
http://www.meijitosho.co.jp
（企画）木村　悠（校正）川上　萌
〒114-0023　東京都北区滝野川7-46-1
振替00160-5-151318　電話03(5907)6703
ご注文窓口　電話03(5907)6668
＊検印省略　　　　　組版所　広研印刷株式会社

Printed in Japan　　　　ISBN978-4-18-349726-0
もれなくクーポンがもらえる！読者アンケートはこちらから